Gartenträume in Kreuzstich

Gartenträume in Kreuzstich

Melinda Coss

aus dem Englischen von
Ingrid Price und Frank Gilges

rosenheimer

Für das „verrückte alte Huhn“
und seine
wunderbaren Küken.

Übersetzung aus dem Englischen: Ingrid Price & Frank Gilges, Arts & Ad, Korschenbroich
Fotos: Jon Stewart
Dekorationen: Barbara Stewart
Musterzeichnungen und Skizzen: Steve Dew und Delia Elliman
Umschlagbild: Di Lewis
Satz: ew print & medien service gmbh, Würzburg
Lithographie: Master Image, Singapur
Gedruckt und gebunden in Singapur

ISBN 3-475-52864-9

Inhalt

EINFÜHRUNG

Es gibt zweierlei Menschen auf dieser Welt: solche mit grünem Daumen und solche, die keinerlei gärtnerische Begabung haben. Stickerinnen und Sticker gehören grundsätzlich zur ersteren Gruppe. Ich kenne zum Beispiel eine Stickerin, die zu ihren Kamelien nur zu sagen braucht „Öffne dich“, und schon tun sie es. Das ist wahr, ich habe es mit eigenen Augen gesehen. Sie spricht ganz leise zu den Blumen, und die öffnen ihre Blütenblätter, damit sie sie besser hören. Der Erfolg ist ein herrlich duftender Garten und ein Haus voll schönster Stickereien, mit Namen wie „Kamelien am Morgen“, „Kamelien zu Mittag“, „Kamelien am Abend“ und manches mehr.

Ich hingegen habe kein Glück im Garten. Ich wähle meine Pflanzen sorgfältig aus, gebe ihnen viel Liebe, umhege sie und gieße sie. Und was tun diese undankbaren Geschöpfe? Sie lassen ihre Blätter hängen und gehen ein. Einmal wollte ich für mein Wohnzimmer einen Weinstock, der sich um die Balken ranken sollte. Der Verkäufer in der Gärtnerei empfahl mir eine dunkelrote Traube, die angeblich „selbst der größte Idiot aufziehen kann“. Ich kaufte sie.

Zwei Tage später saß mein Weinstock (inzwischen „Harry“ getauft) in einem prächtigen viktorianischen Übertopf in meinem kühlen, aber sonnigen Atelier. Nach

drei Tagen hatte er nur noch ein Blatt, das traurig an seinem Stamm hing. Voller Zorn stellte ich den Topf in die hinterste Ecke meines Glashauses, wo er nun seit zwei Jahren steht. Und plötzlich hat Harry wieder Blätter bekommen. Warum? Weil er weiß, daß ich ihn nicht mehr beobachte.

Man könnte sich über solche Dinge ärgern, vor allem, wenn man, wie ich, einen ähnlichen Einfluß auf Maschinen hat. Meine Uhr geht immer dreißig Minuten schneller als die anderer Leute. Autos, Waschmaschinen und – ich wage es kaum zu schreiben – Computer sehen mich von Zeit zu Zeit an und geben dann ihren Geist auf. Meine Verlegerin sieht den Grund dafür darin, daß ich zuviel kreative Energie ausstrahle, womit sie wahrscheinlich sagen will, daß ich neurotisch bin. Aber wie dem auch sei, Tiere mögen mich, Kinder mögen mich, und bei Nadel und Faden gebe noch immer ich den Ton an.

Für dieses Buch brauchen Sie keinen grünen Daumen zu haben – ganz im Gegenteil. Wenn Sie die Anleitungen reichlich nutzen, können Sie Ihr ganzes Haus mit Blumen, Früchten, Gemüse und Tieren füllen, ohne auch nur einmal eine Hacke oder den Schneckentod hervorholen zu müssen. Sie konzentrieren sich allein auf Ihre Kreuzstichmuster. Und wenn Sie sich damit noch nicht so gut auskennen, lesen Sie zuerst einmal den Abschnitt *Techniken* im hinteren Teil des Buches. Es ist wirklich ganz einfach. Sie müssen nur darauf achten, daß alle obenliegenden Stiche in derselben Richtung verlaufen. Sobald Sie Ihr erstes Kreuz gemeistert haben, gibt es dann in diesem Buch kein Muster, das für Sie zu kompliziert wäre, und mit etwas Stramin auch keinen Stoff, der nicht bestickt werden könnte. Wenn Sie sich für ein Stickmuster entscheiden, sollten Sie sich nicht danach richten, was Sie glauben, meistern zu können, sondern danach, wieviel Zeit Sie zur Verfügung haben.

Wie in meinem früheren Büchern, habe ich auch dieses Mal versucht, Ihnen die verschiedensten Verwendungszwecke für die fertigen Stickereien zu zeigen. Für Anfänger würde ich vorschlagen, daß sie zuerst einmal einen Aidastoff (56 Fäden/10 cm) verwenden. Das ist ein spezieller Kreuzstichstoff mit gut erkennbaren Löchern zum Einstechen der Nadel. Sobald Sie an Sicherheit gewonnen haben, können Sie mit dem Experimentieren beginnen. Besticken Sie Ihre Bettwäsche oder die Manschetten einer Bluse, koordinieren Sie verschiedene Farben und Garne oder arbeiten Sie Perlen ein. Wenn Sie den Stoff vor dem Sticken bemalen, wozu Sie auch Schablonen verwenden können, erzielen Sie eine dreidimensionale Wirkung. Ich gebe Ihnen in diesem Buch nur einige Grundideen und meine Interpretationen. Der wirklich kreative Beitrag sollte aber von Ihnen kommen – lassen Sie sich also von meinen Vorschlägen nicht einschränken!

Wenn Sie dann Ihr eigenes Haus voll mit Stickereien haben, denken Sie auch an andere Leute. Machen Sie Geschenke, die zeigen, daß Sie viel Zeit und Mühe aufgewendet haben. Ich hoffe, es ist mir gelungen, verschiedene Ideen für Gartenfreunde zu finden. Nicht nur Blumen, sondern auch die vielen anderen Dinge, die man in Gärten findet. Selbst mein Garten, der wirklich nichts Besseres als eine große Wiese ist, wimmelt nur so von Feldblumen, Kräutern, Brombeerbüschen, Kaninchen, Fröschen und Eichhörnchen, die mich auf diesen Seiten inspiriert haben.

Ich hoffe, ich habe für jeden Geschmack etwas gefunden, etwas, das Sie gerne machen und auch gerne verschenken. Und nun viel Spaß beim Sticken!

Melinda Coss

DER ROSENGARTEN

Trends bei Kreuzstichmustern kommen und gehen, aber Blumen sind immer ein beliebtes Motiv. Es ist nicht schwer, zu jeder Jahreszeit Blumen zu finden, die einen inspirieren. Rosen gehören zu meinen Lieblingsblumen, und es macht mir wirklich Spaß, sie als Vorlage für Designs zu verwenden. Da entstehen dann kleine Rosenknospen, die auf Servietten oder Taschentüchern verstreut werden können, oder wunderbar volle Blüten für Kissenbezüge und Tischdecken.

Rosendose

Sie können Dosen und Tiegel aus allen möglichen Materialien, von Kristall bis Holz, im Hobby-Fachhandel kaufen. Diese haben dann Spezialdeckel, in die Sie Ihre Kreuzstickerei einlassen können. Für diese auf Leinen gestickte Teerose habe ich eine Kristalldose gewählt. Sie könnten das Motiv natürlich auch für einen Kissenbezug oder eine Tischdecke verwenden.

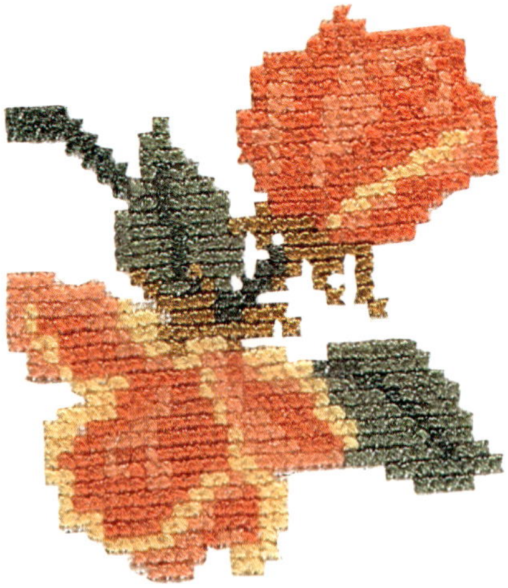

Endmaße der Stickerei:
etwa 6 x 6 cm

Material

1 Stück naturfarbener Leinenstoff (128 Fäden/10 cm), 13,3 x 13,3 cm
Sticknadel Nr. 24
1 Kristalldose mit Deckel, 10 cm im Durchmesser

Anchor Sticktwist von Coats Mez

- *1 Strang korallenrot (10)*
- *1 Strang pfirsich (9)*
- *1 Strang gelb (301)*
- *1 Strang grün (215)*
- *1 Strang dunkelgrün (212)*
- *1 Strang olivgrün (907)*

Anleitung

Markieren Sie die Mitte auf Zählmuster und Leinenstoff. Von hier aus sticken Sie in Kreuzstich mit zwei Fäden (Baumwolle) in der Nadel über jeweils zwei Fäden des Stoffs. Die fertige Stickerei befestigen Sie dann den Anweisungen des Herstellers entsprechend im Deckel der Dose.

Tischtuch und Servietten, mit Schablone bemalt

Dank der wunderbaren Vielfalt an Stoffen, Farben und Stiften, die es heute gibt, können Sie Ihren Stickereien neue Dimensionen verleihen. Für diese Tischdecke habe ich aus Acetatfolie eine Rosenschablone ausgeschnitten und dann die Blütenblätter und die grünen Blätter auf ein gleichmäßig gewebtes Tuch gemalt. Mit verschiedenen Rosa- und Grüntönen habe ich schließlich in Kreuzstich Farbakzente aufgesetzt. Verteilen Sie die Rosen nach Belieben auf der Decke und besticken Sie die Blütenblätter, wie es Ihnen am besten gefällt.

Endmaße des Blumenmotivs: etwa 11 x 10 cm

Material
1 Tischtuch aus geradzahligem Stoff (56 Fäden/10 cm), etwa 86,4 x 86,4 cm
2 passende Servietten
Sicknadel Nr. 24
Transparentpapier
Filzstift
Acetatfolie
Handarbeitsmesser
1 Dose Textilfarbe, leuchtendrosa
1 Dose Textilfarbe, leuchtendgrün
1 kleiner Schablonenpinsel
Wasser

Anleitung
Waschen und bügeln Sie das Tischtuch zuerst einmal, um Schlichtmittelrückstände zu entfernen. Dann zeichnen Sie das Rosenmotiv mit Filzstift auf dem Transparentpapier nach, legen die Acetatfolie darüber und schneiden mit dem Handarbeitsmesser die Form sorgfältig aus.

Nun legen Sie die Schablone auf das Tuch und malen durch die Ausschnitte (die Blütenblätter rosa, die Blätter grün). Wiederholen Sie das Motiv nach Belieben, über die ganze Decke verteilt. Farben trocknen lassen und nach den Anleitungen des Textilfarbenherstellers heißfixieren. Suchen Sie sich aus der Farbskala passende Farben zum Besticken der Blätter aus. Mit zwei Fäden in der Nadel (Baumwolle) sticken. Für die Servietten auf dieselbe Weise vorgehen.

Anchor Sticktwist von Coats Mez

- *1 Strang dunkelrosa (57)*
- *2 Stränge rosa (26)*
- *1 Strang grün (267)*
- *1 Strang braungrau (1041)*
- *Textilfarbe in Leuchtendrosa*
- *Textilfarbe in Leuchtendgrün*

Schmetterlingskissen

Es gibt doch nichts Schöneres als ein großes weißes Daunenkissen! Zum Glück finden Sie heute jede Menge Zierbezüge mit Lochstickerei und Spitze im Handel. Ich habe dieses Schmetterlingsmotiv auf einen besonders großen Bezug für mein Gartenzimmer gestickt. Wenn Sie im Wäscheladen keinen passenden Bezug finden, versuchen Sie es im Antiquitätengeschäft, oder bestellen Sie einen per Katalog.

Endmaße der Stickerei:
18,4 x 11,4 cm

Material
1 Kissenbezug
1 Straminstück (56 Fäden/10 cm), 21,6 x 15,2 cm
Nadel für Stickwolle Nr. 8
Heftfaden
Nähnadel
Pinzette

Anleitung
Heften Sie das Straminstück auf der Vorderseite des Bezugs in die untere rechte Ecke. Dabei nicht durch beide Stofflagen des Bezugs stechen. Markieren Sie im Zählmuster und auf dem Stramin die Mitte, und zählen Sie von diesem Punkt zum nächstgelegenen Stich. Von dort beginnen sie mit 2 Fäden (Baumwolle) in der Nadel zu sticken. Wenn die Stickerei fertig ist, werden die Heftstiche entfernt und dann mit der Pinzette die Straminfäden herausgezogen.

Anchor Sticktwist

- *1 Strang grün (266)*
- *1 Strang khaki (907)*
- *1 Strang schwarz (403)*
- *1 Strang gelb (302)*
- *1 Strang blau (941)*
- *1 Strang rot (13)*
- *1 Strang grau (233)*
- *1 Strang hellviolett (118)*
- *1 Strang rosa (893)*
- *1 Strang beige (362)*
- *1 Strang braun (359)*

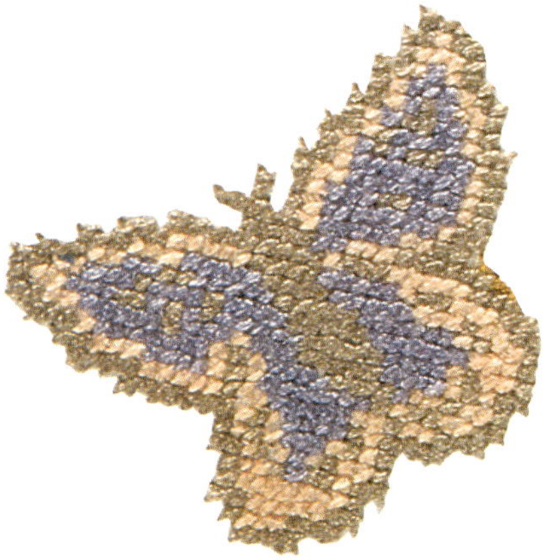

Karokissen mit Rosen

In den Geschäften gib es eine Menge karierter und gestreifter Stoffe, die sich ideal mit Kreuzstich besticken lassen. Sie können diese Stoffmuster als Hintergrund für Ihre Motive verwenden, so beispielsweise als Spalier, an dem sich Ihre gestickten Blumen emporranken. Mein Kissen ist aus einem grünen Karostoff von Laura Ashley, auf den die Rosen mit Stramin aufgestickt wurden (vgl. Techniken, S. 160). Dieses Motiv eignet sich aber auch für Lampenschirme, Agraffen oder Tischdecken.

Endmaße der Stickerei:
19,7 x 19,7 cm

Material
1 Straminstück (56 Fäden/ 10 cm), 25,4 x 25,4 cm
Nadel für Stickwolle Nr. 8
1 Stück grünkarierter Stoff (Laura Ashley), 61 x 122 cm
Heftfaden
zum Stoff passendes Nähgarn
Nähnadel
Pinzette
Klettstreifen (45,7 cm)
Stecknadeln
Nähmaschine
1 Kissen (40,6 x 40,6 cm)

Anleitung
Schneiden Sie ein 50,8 x 50,8 cm großes Stück Stoff aus. Heften Sie den Stramin fest, und achten Sie dabei darauf, daß er senkrecht am Karo ausgerichtet ist und an beiden Kanten ein 15,2 cm breiter Rand belassen wird. Markieren Sie im Zählmuster und auf dem Stramin die Mitte, und zählen Sie von diesem Punkt zum nächstgelegenen Stich. Von dort beginnen sie mit 2 Fäden (Baumwolle) in der Nadel zu sticken. Wenn die Stickerei fertig ist, entfernen Sie die Heftfäden und ziehen mit der Pinzette die Straminfäden unter der Stickerei heraus.

Für die Rückseite schneiden Sie zwei Stoffstücke aus, von denen jedes 29,2 x 50,8 cm mißt. Nähen Sie bei beiden Stücken – die Stoffrückseite liegt oben – entlang einer Kante einen 2,5 cm breiten Saum, den Sie flachbügeln. Trennen Sie die beiden Klettstreifen und nähen Sie den aufgerauhten Streifen auf der linken Seite des einen Saumes in der Mitte fest. Nun den zweiten Streifen auf der rechten Seite des anderen Saumes in der Mitte festnähen. Die Enden gut vernähen. Jetzt drücken Sie die beiden Stoffteile zusammen, so daß sie die Rückseite des Kissens bilden.

Vorder- und Rückenteile des Kissenbezugs mit den Vorderseiten aufeinanderlegen und die Kanten feststecken. Alle vier Seiten mit der Nähmaschine zusammennähen und einen 12 mm breiten Saum belassen. Den Bezug

umdrehen und die Nähte flachbügeln. Auf der Rückseite des Bezuges die Nähkante 5 cm vom äußeren Rand markieren und Vorder- und Rückenteil mit der Hand oder Nähmaschine zusammennähen. Das Kissen in den Bezug stecken.

Anchor Sticktwist von Coats Mez

- *1 Strang olivgrün (907)*
- *1 Strang dunkelgrün (212)*
- *2 Stränge grün (210)*
- *1 Strang pfirsich (6)*
- *1 Strang rosa (36)*
- *1 Strang rosé (38)*
- *1 Strang dunkelrosa (59)*

Schmetterlinge und Spitze

Ich habe Ihnen hier verschiedene Schmetterlinge für Sie zusammengestellt, die Sie mit einem Blumenmuster kombinieren oder als Bordüre für einen Spiegel oder Bilderrahmen verwenden können. Eine weitere Möglichkeit wäre es, die Schmetterlinge wie auf einem Sticktuch aufzureihen oder, so wie ich es hier getan habe, die Patchworkfelder eines Spitzenkissens damit zu verzieren. Der abgebildete Kissenbezug kommt aus Indien, und Sie werden ähnliche Bezüge sicher im Fachhandel finden.

Endmaße der Stickerei:
etwa 5 x 5 cm

Material

1 spitzenbesetzter Kissenbezug, 40,6 x 40,6 cm
Nadel für Stickwolle Nr. 8
9 Straminstücke (36 Fäden/ 10 cm), jeweils 7,6 x 7,6 cm
Heftfaden
zum Stoff passendes Nähgarn
Nähnadel
Pinzette
1 Kissen, 40,6 x 40,6 cm

Anleitung

Heften Sie jeweils ein Straminstück genau in die Mitte der leeren Felder des Kissenbezugs. Dabei nicht durch beide Stofflagen des Bezugs stechen. Markieren Sie im Zählmuster und auf dem Stramin die Mitte. Von dort beginnen Sie mit 2 Fäden (Baumwolle) in der Nadel das jeweilige Kreuzstichmotiv, mit Ausnahme jener Flächen, die in Weiß ausgestickt werden. Dazu verwenden Sie einen weißen Faden und einen Faden Reflecta. Die auf dem Zählmuster als gerade angezeigten Stiche arbeiten Sie mit zwei Fäden. Sticken Sie zuerst die Muster 1–6 auf die Felder des Kissenbezugs und anschließend die Muster 1–3 auf die verbliebenen Quadrate. Nun entfernen Sie vorsichtig die Heftfäden und ziehen mit der Pinzette die Straminfäden unter der Stickerei heraus. Das Kissen in den Bezug stecken.

Anchor Sticktwist von Coats Mez

1 Strang hellviolett (118)
1 Strang dunkelbraun (382)
1 Strang cremefarben (852)
1 Strang weiß (2) plus
1 Spule Reflecta (301)

1 Strang grün (215)
1 Strang altrosa (1027)
1 Strang rötlichgrau (233)
1 Strang mintgrün (206)
1 Strang kupferrot (1003)
1 Strang hellgrün (214)
1 Strang goldfarben (304)
1 Strang beige (362)
1 Strang rot (13)
1 Strang hellblau (144)

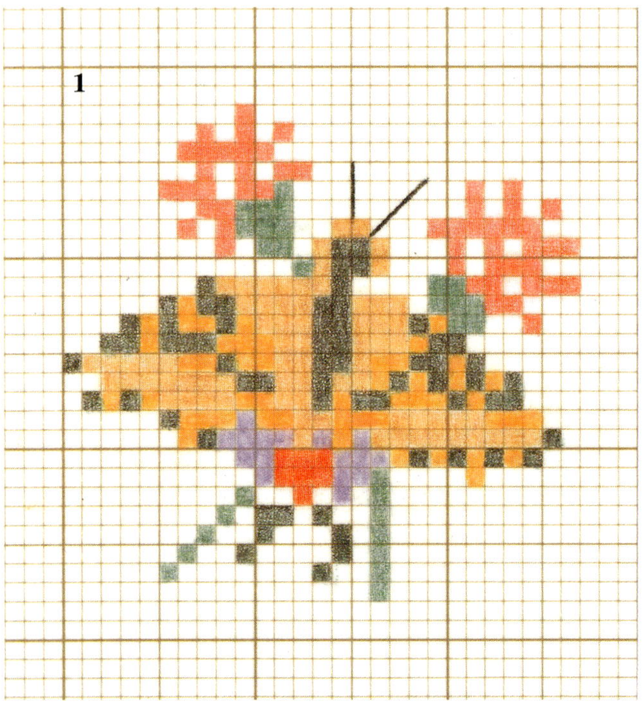

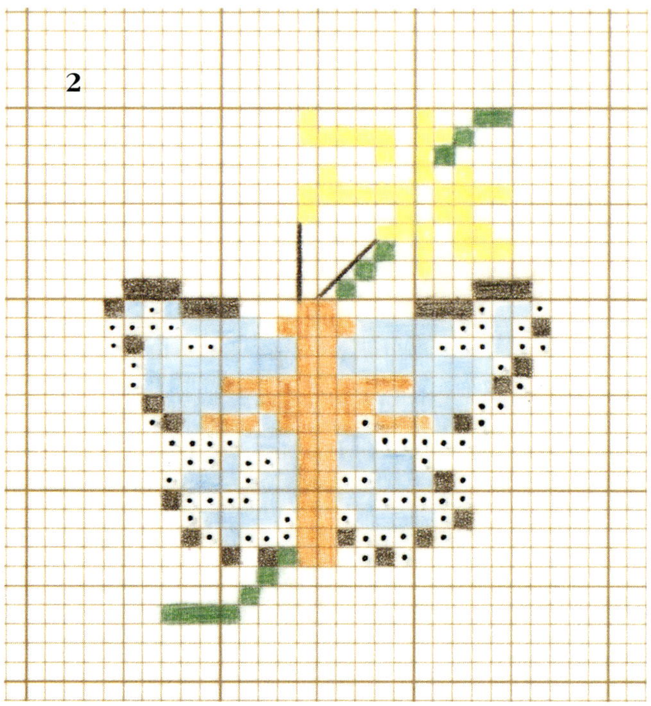

3

4

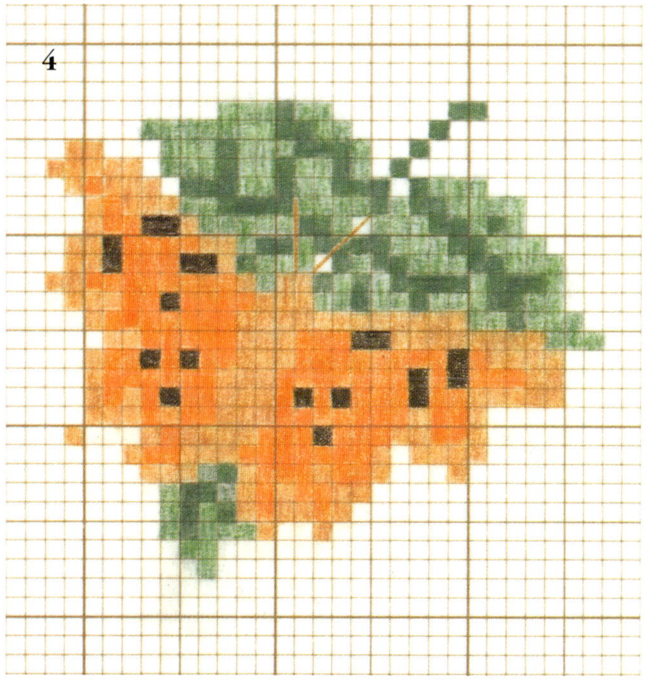

5

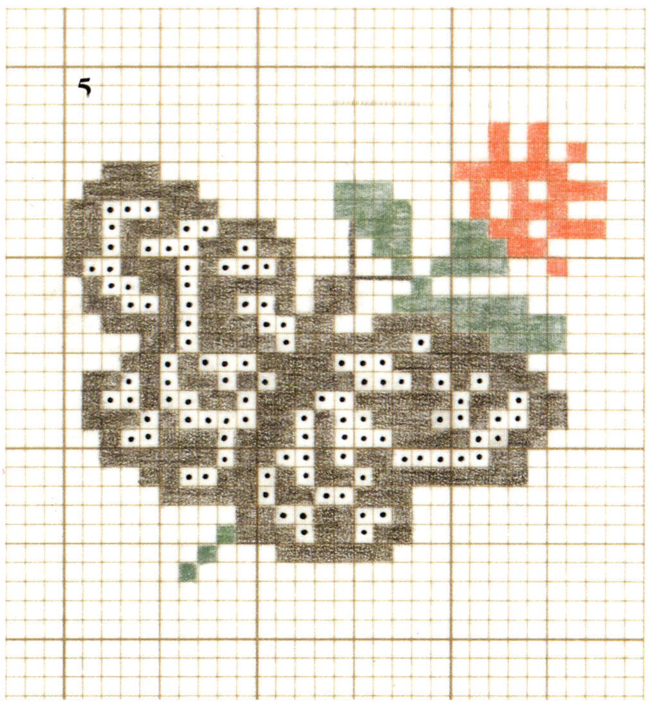

6

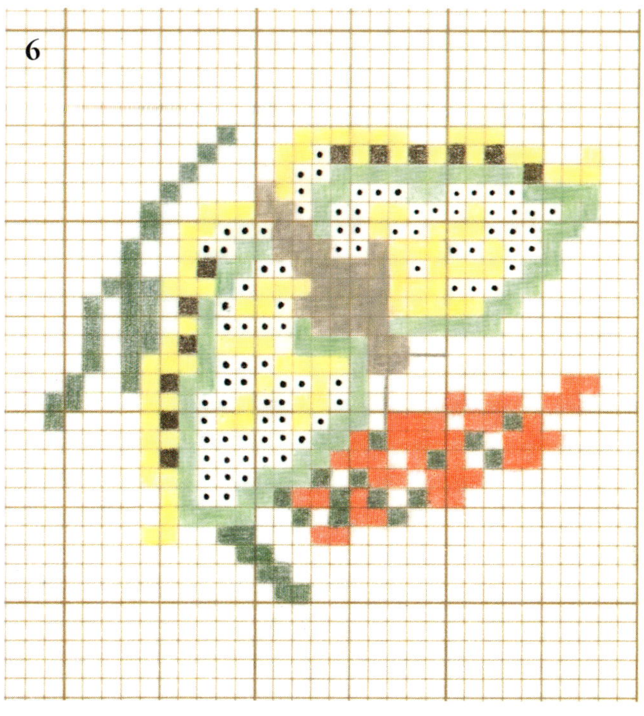

DIE TERRASSE

Eine Terrasse ist der ideale Ort für den Hobbygärtner, seiner Liebhaberei ohne viel Mühe zu frönen, denn viele Pflanzen machen sich in Töpfen besonders gut. Geranien sind das Thema eines Kissens, das ich für meine wohlverdiente Nachmittagsruhe auf der Veranda verwende. Sie waren auch meine Inspiration zu einigen Miniaturbildern. Wenn Sie diese Bilder vergrößern wollen, verwenden Sie ganz einfach einen größermaschigen Stramin und entsprechend viele Fäden in der Nadel.

Geranienkissen

Diese Geranienstickerei ist für die Liebhaber großflächigerer Motive gedacht. Sie hat die Größe eines normalen Kopfkissens, und der Kissenbezug ist ganz einfach zu machen. Sie können mit diesem Motiv aber auch den Baumwolldrillich für die Sitzauflage eines altmodischen Liegestuhls besticken.

Endmaße der Stickerei:
28,3 x 52,7 cm

Material

1 Straminstück (56 Fäden/ 10 cm), 61 x 40,6 cm
Sticknadel Nr. 22
1 Stück Baumwolldrillich, 122 x 71,7 cm
Stecknadeln
Nähmaschine
1 Kopfkissen

Anleitung

Markieren Sie im Zählmuster und auf dem Stoff die Mitte. Von dort beginnen Sie mit drei Fäden (Baumwolle) in der Nadel zu sticken. Wenn die Stickerei fertig ist, nähen Sie an den beiden kurzen Kanten des Drillichs einen 7 cm breiten Saum. Den Baumwolldrillich, mit der rechten Seite nach oben, flach hinlegen, so daß die gesäumten Kanten Ober- und Unterkante bilden. Die Stickerei der Länge nach auf dem Drillich feststecken, so daß sie genau in der Mitte zwischen den gesäumten Kanten liegt, und an der oberen Kante 12 mm Stoff zugeben. Die ungesäumten Kanten umklappen und die Stickerei festnähen. Den Drillich wieder flach hinlegen und die untere und obere gesäumte Kante zur Mitte falten, so daß die Kanten 12 mm weit übereinanderliegen. Die Stofflagen entlang den Seitenkanten feststecken und zusammennähen. Den fertigen Kissenbezug umdrehen und die Nähte flachbügeln. Jetzt stecken Sie das Kissen in den Bezug.

Anchor Sticktwist von Coats Mez

	3 Stränge rot (334)
	3 Stränge dunkelrot (13)
	2 Stränge pink (54)
	2 Stränge hellrosa (31)
	1 Strang korallenrosa (9)
	1 Strang ziegelrot (896)

6 Stränge grellgrün (256)

4 Stränge hellgrün (255)

1 Strang beige (362)

2 Stränge korallenrot (10)

Kleine Gießkanne

Diese kleine Gartenszene ist eines von drei Minibildern. Um sie besonders realistisch zu machen, habe ich für die Gießkanne einen Lurexfaden verwendet, damit das Sonnenlicht darin reflektiert wird.

Endmaße der Stickerei:
4,1 x 5,7 cm

Material
1 Stück naturfarbener Stramin (72 Fäden/10 cm), 14 x 14 cm
Sticknadel Nr. 25
passender Bilderrahmen

Kleine Blumentöpfe

Anchor Sticktwist

- *1 Strang rot (334)*
- *1 Strang gelb (290)*
- *1 Strang goldfarben (304)*
- *1 Strang grün (267)*
- *1 Strang pink (54)*
- *1 Strang blau (941)*
- *1 Strang hellblau (175)*
- *1 Spule Reflecta (301)*

- *1 Strang dunkelgrün (228) plus 1 Spule Cristallina (322)*

- *1 Strang hellrosa (36)*

Anleitung
Markieren Sie im Zählmuster und auf dem Stramin die Mitte. Von dort beginnen Sie mit 2 Fäden (Baumwolle) in der Nadel in Kreuzstich zu sticken. Für alle Flächen, die in Reflecta gearbeitet werden, verwenden Sie zwei Fäden. Dort, wo Dunkelgrün angezeigt ist, nehmen Sie einen Faden Sticktwist und einen Faden Cristallina. Die fertige Stickerei nach Belieben einrahmen.

Für jeden dieser beiden Blumentöpfe brauchen Sie einen Abend. Sie können die Motive individuell einrahmen oder als Bordüre verwenden. Sehr hübsch sehen sie auch auf Glückwunschkarten aus.

Endmaße der Stickerei:
3,2 x 3,2 cm

Material
2 Stücke naturfarbener Stramin (72 Fäden/10 cm), 14 x 14 cm
Sticknadel Nr. 25
passender Bilderrahmen

Anleitung
Markieren Sie im Zählmuster und auf dem Stramin die Mitte. Von dort beginnen Sie mit 2 Fäden (Baumwolle) in der Nadel in Kreuzstich zu sticken. Die fertige Stickerei je nach Wunsch einrahmen.

Anchor Sticktwist von Coats Mez

- *1 Strang gelb (304)*
- *1 Strang pink (54)*
- *1 Strang hellrosa (36)*
- *1 Strang grün (267)*
- *1 Strang braun (936)*
- *1 Strang kupferrot (1003)*
- *1 Strang jadegrün (210)*
- *1 Strang blau (941)*
- *1 Strang rot (334)*
- *Rückstich in Braun (936)*

Handtuch mit Blumentopfbordüre

Dieses hübsche Handtuch hat an beiden Enden eine Aida-Bordüre, die Sie besticken können. Ich habe auch hier die Blumentöpfe verwendet, sie diesmal aber auf feinerem Aida gestickt.

Endmaße der Stickerei:
28,6 x 6,3 cm

Material

1 Handtuch aus Gerstenkornleinen mit Aidastreifen (24 Fäden/10 cm)
Sticknadel Nr. 20

Anleitung

Markieren Sie im Zählmuster und auf dem Aidastreifen an einem Ende des Handtuchs die Mitte. Von dort beginnen Sie mit 5 Fäden (Baumwolle) in der Nadel zu sticken. Wenn Sie fertig sind, sticken Sie die Bordüre am anderen Ende. Schneiden Sie die Seiten für ein kleines Gästehandtuch zurecht und säumen die Kanten ein.

Anchor Sticktwist

1 Strang grün (267)
1 Strang rot (334)
1 Strang gelb (290)
1 Strang blau (941)
2 Stränge kupferrot (1003)
1 Strang pink (54)
1 Strang hellrosa (36)
1 Strang jadegrün (210)
1 Strang braun (936)
Rückstich in Braun (936)

Dame im Reifrock

Ein Stickereibuch ist nicht komplett, wenn darin nicht auch eine Dame im Reifrock enthalten ist. Ich habe die meine auf ein ovales Deckchen gestickt.

Endmaße der Stickerei:
13 x 17,8 cm

Material
1 Straminstück (56 Fäden/ 10 cm), 16,5 x 26 cm
Nadel für Stickwolle Nr. 8
ovales Deckchen mit Spitzenbesatz
Heftfaden
Nähnadel
Pinzette

Anleitung
Heften Sie den Stramin in die Mitte des Deckchens. Markieren Sie im Zählmuster und auf dem Stramin die Mitte. Von dort beginnen Sie mit 2 Fäden (Baumwolle) in der Nadel in Kreuzstich zu sticken. Wenn die Stickerei fertig ist, entfernen Sie die Heftstiche und ziehen mit der Pinzette die Straminfäden behutsam unter der Stickerei heraus.

Anchor Sticktwist von Coats Mez

1 Strang lila (96)	*1 Strang altgold (890)*	*1 Strang blau (941)*
1 Strang violett (98)	*1 Strang gelb (302)*	*1 Strang hellgrün (255)*
1 Strang dunkelrosa (57)	*1 Strang hellblau (175)*	*1 Strang cremefarben (1010)*

Bienendöschen

Wie wäre es mit einem kleinen Bienendöschen für Ihre Naschereien? Diese Biene taucht in meinen Gartenmotiven immer wieder auf. Warum wohl?

Endmaße der Stickerei:
18 x 18 mm

Material

1 Stück Leinenstoff (128 Fäden/ 10 cm), 10 x 10 cm
Sticknadel Nr. 24
1 passendes Döschen aus dem Hobby-Fachhandel

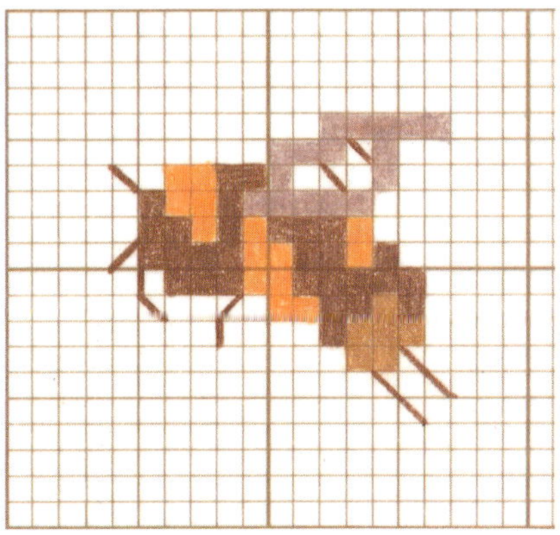

Anchor Sticktwist

- *1 Strang braun (359)*
- *1 Strang senffarben (890)*
- *1 Strang goldfarben (303)*
- *1 Strang braunrosa (870) plus 1 Spule Cristallina (301)*

Anleitung

Markieren Sie im Zählmuster und auf dem Stoff die Mitte. Von dort beginnen Sie mit 2 Fäden (Baumwolle) in der Nadel über zwei Leinenfäden zu sticken. Für die braunrosa Farbe nehmen Sie einen Faden braunrosa und einen Faden Cristallina. Rückstichflächen mit zwei Fäden braunem Sticktwist arbeiten. Die fertige Stickerei befestigen Sie, den Herstellerangaben entsprechend, im Dosendeckel.

Veilchen, Primeln und Glockenblumen

Diese Blumen sind unsere ersten Frühlingsboten. Sie sehen nicht nur in der Natur, sondern auch zu Hause in Vasen und Töpfen recht hübsch aus. Mit Hilfe von Straminstücken habe ich hier einige Blüten über eine wunderbare weiße, durchbrochene Tischdecke verstreut. Sicher finden Sie auch andere kreative Möglichkeiten für diese Blumenmotive.

Endmaße des zentralen Motivs: 14,6 x 15,2 cm
Endmaße der kleinen Motive: 5 x 5,7 cm

Material
1 Straminstück (56 Fäden/ 10 cm), 20,3 x 20,3 cm
4 Straminstücke (56 Fäden/ 10 cm), 7,6 x 7,6 cm
Nadel für Stickwolle Nr. 8
1 Tischtuch mit Durchbrucharbeit
Heftfaden
Nähnadel
Pinzette

Anleitung
Heften Sie das große Straminstück genau in die Mitte des Tischtuchs und anschließend die vier kleineren Stücke in die vier

Ecken. Für jedes Motiv markieren Sie im Zählmuster und auf dem Stramin die Mitte. Von dort beginnen Sie mit 2 Fäden (Baumwolle) in der Nadel in Kreuzstich zu sticken. Wenn die einzelnen Motive fertiggestickt sind, entfernen Sie die Heftfäden und ziehen mit der Pinzette die Straminfäden unter der Stickerei heraus.

Anchor Sticktwist von Coats Mez

- *1 Strang grellgrün (256)*
- *1 Strang blau (941)*
- *1 Strang gelb (298)*
- *1 Strang hellgelb (293)*
- *1 Strang hellgrün (266)*
- *1 Strang dunkelgrün (212)*
- *1 Strang violett (98)*
- *1 Strang dunkelviolett (102)*

KRÄUTER UND WILDBLUMEN

Seit undenkbaren Zeiten haben uns Kräuter geheilt, erquickt und unsere Speisen aromatisch und geschmacklich verfeinert. Einige Glückliche haben einen eigenen Kräutergarten, aber die meisten von uns ziehen sie in sonnigen Ecken unserer Gärten und Hinterhöfe oder in Töpfen auf Balkons und in Blumenkästen vor dem Küchenfenster. Zum Trocknen aufgehängt, erfreuen sie uns mit ihrem Geruch. Sie lassen sich auch gut zu Duftkissen verarbeiten und zieren als Stickereimotive unsere Wände.

Rosmarinbild

Für diese Stickerei habe ich als Hintergrund einen Aida-Damast mit leichtem Schimmereffekt verwendet und das Motiv dann in Reflecta- und mattiertem Nordingarn ausgeführt, um die Atmosphäre eines taufrischen Morgens wiederzugeben. Mit einem stoffbezogenen Passepartout können Sie Ihr Stickereibild ganz individuell gestalten und auf Ihr Zimmerdekor abstimmen. Diese Idee macht sich besonders gut in Küche und Veranda. Auch Kissen, Schürzen oder Fotoalben lassen sich mit diesen Kräutermotiven zauberhaft verschönern.

Endmaße der Stickerei:
26 x 21 cm

Material

1 Stück ecrufarbenen Aida-Damast (72 Fäden/10 cm), 36 x 33 cm
Sticknadel Nr. 25
1 Stück Baumwollstoff, 50,8 x 50,8 cm
1 Stück säurefreier Karton, 33 x 30,5 cm
1 säurefreies Passepartout, 40,6 x 37,5 cm, mit Mittelausschnitt, 28 x 24,1 cm
Gummilösung

Anleitung
Markieren Sie auf dem Zählmuster und auf dem Aida-Damast die Mitte. Von dort beginnen Sie mit 2 Fäden Nordingarn in der Nadel zu sticken. Wenn Sie mit Reflectagarn arbeiten, verwenden Sie einen Faden Nordingarn und einen Faden Reflecta. Gerade Stiche werden mit nur einem Faden Nordingarn ausgeführt. Die fertige Stickerei ziehen Sie mit Gummilösung auf einen säurefreien Karton auf, wobei Sie darauf achten müssen, daß sich das Gewebe nicht verzieht. Dann legen Sie das Passepartout auf die Rückseite des Baumwollstoffs und kleben die Stoffkanten auf die Rückseite des Passepartouts. Nun drehen Sie das Ganze um und schneiden den Stoff, der die Mittelöffnung des Passepartouts abdeckt, kreuzweise ein. Schneiden Sie die entstandenen Dreiecke so zurecht, daß ein 3,2 cm breiter Rand verbleibt, den Sie an die Rückseite des Passepartouts kleben. Dann zentrieren Sie das stoffbezogene Passepartout über Ihrer Stickerei und kleben es darauf fest. Zuletzt nach Geschmack rahmen.

Anchor Nordin von Coats Mez

- *1 Strang hellgrün (215)*
- *1 Strang mauve (100)*
- *1 Strang rosa (1020) plus 1 Spule Reflecta (311)*
- *1 Strang weiß (2) plus 1 Spule Reflecta (301)*
- *1 Strang grau (397) plus 1 Spule Reflecta (301)*
- *3 Stränge dunkelgrün (216)*
- *1 Strang pflaumenblau (970)*
- *gerade Stiche in Dunkelgrün (216)*

Salbeibild

Hier ist das Pendant zum Rosmarinbild. Ich habe in die Salbeiblätter einen Reflectafaden eingearbeitet, um ihren silbrigen Schimmer wiederzugeben, und habe auch hier wieder Aida-Damast verwendet. Die Motive eignen sich ebenso für Duftsäckchen oder Kissenbezüge. Wenn Sie einen größermaschigen Stoff verwenden, sind Sie schneller fertig, und die Stickerei wird großflächiger.

Endmaße der Stickerei:
26 x 21 cm

Material

1 Stück ecrufarbenen Aida-Damast (72 Fäden/10 cm), 36 x 33 cm
Sticknadel Nr. 25
1 Stück Baumwollstoff, 50,8 x 50,8 cm
1 Stück säurefreier Karton, 33 x 30,5 cm
1 säurefreies Passepartout, 40,6 x 37,5 cm, mit Mittelausschnitt, 28 x 24,1 cm
Gummilösung

Anleitung

Markieren Sie auf dem Zählmuster und auf dem Aida-Damast die Mitte. Von dort beginnen Sie mit 2 Fäden Nordingarn in der Nadel zu sticken. Wenn Sie mit Reflectagarn arbeiten, verwenden Sie einen Faden Nordingarn und einen Faden Reflecta. Für die Arbeit mit Cristallinagarn nehmen Sie einen Faden Nordingarn und einen Faden Cristallina. Gerade Stiche werden mit nur einem Faden Nordingarn ausgeführt. Die fertige Stickerei spannen, mit Gummilösung auf einen säurefreien Karton aufziehen und die Kanten auf der Rückseite verkleben. Dann beziehen Sie das Passepartout mit dem Baumwollstoff (vgl. S. 50) und rahmen das Bild.

Anchor Nordin

1 Strang grau (397) plus 1 Spule Reflecta (301)

2 Stränge dunkelgrün (216)

1 Strang mauve (100) plus 1 Spule Cristallina (323)

1 Strang lila (95) plus 1 Spule Cristallina (323)

3 Stränge hellgrün (215)

1 Strang altrosa (895)

1 Strang rötlichgrau (233)

gerade Stiche in Dunkelgrün (216)

Geschirrtuch mit Chicoréeblüten

Hier ist eine Bordüre mit Chicoréeblüten. Diese Pflanze ist ja äußerst vielseitig. Man kann sie als Gemüse zubereiten oder ihre Wurzeln geröstet als Kaffee-Ersatz verwenden. Ich habe die Bordüre auf ein Geschirrtuch gestickt, in das bereits ein Aidastreifen eingearbeitet war. Sie können aber auch einen bestickten Aidastreifen auf ein beliebiges Geschirrtuch aufnähen.

Endmaße der Stickerei:
10,7 x 7 cm

Material

1 Drillichgeschirrtuch mit Aidastreifen (32 Fäden/ 10 cm)
Sticknadel Nr. 20
zum Stoff passendes Nähgarn
Nähnadel

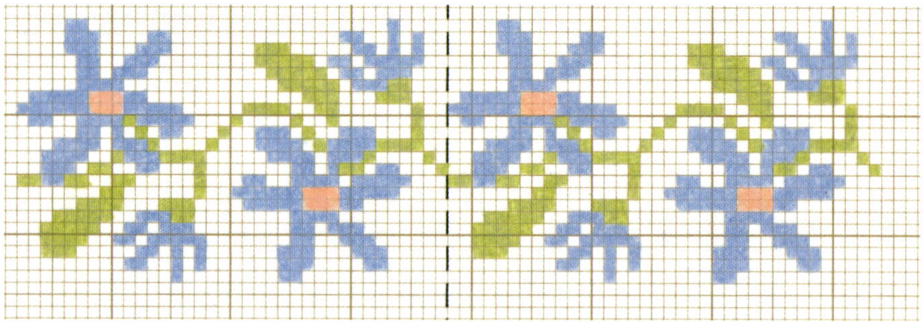

Anchor Sticktwist

3 Stränge hellblau (175)
2 Stränge grün (264)
1 Strang hellrosa (36)

Anleitung

Markieren Sie auf dem Aidastreifen am einen Ende des Geschirrtuchs die Mitte und auf dem Zählmuster die Mitte eines Motivs (von dem auf dem Zählmuster zwei Rapporte – jeweils zu beiden Seiten der gestrichelten Mittellinie – zu sehen sind). Von dort beginnen Sie mit 5 Fäden Sticktwist (Baumwolle) zu sticken. Das fertige Motiv wiederholen Sie zweimal, wie dies auf der Abbildung zu sehen ist. Die gegenüberliegende Bordüre arbeiten Sie auf dieselbe Weise.

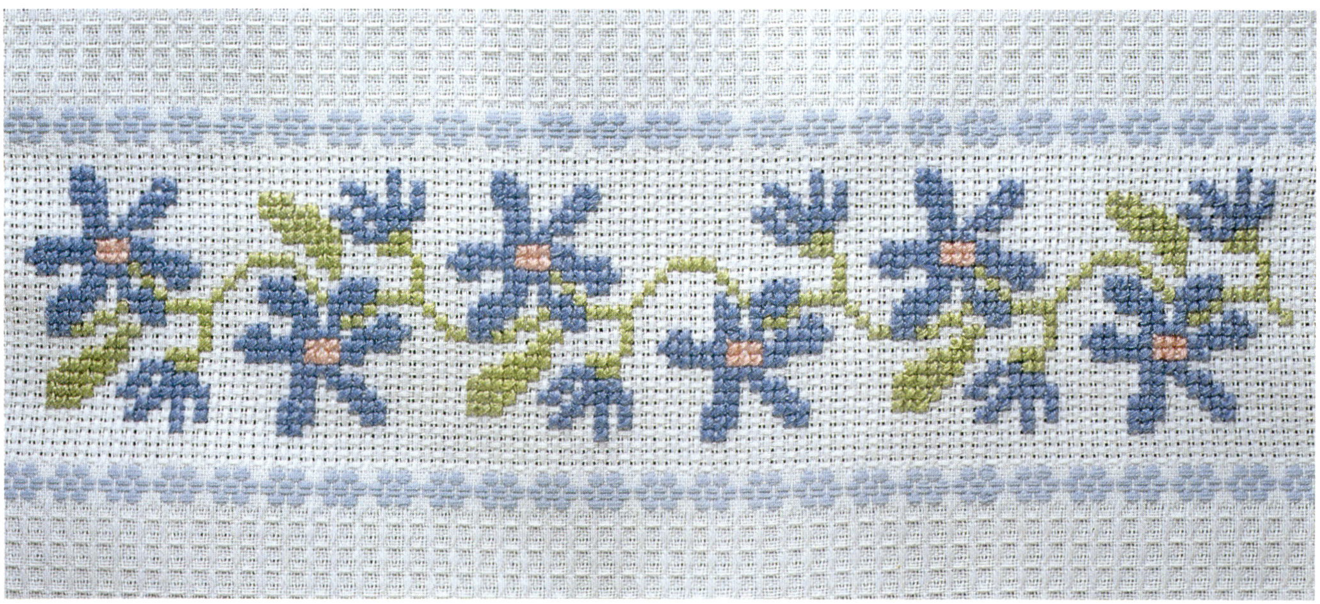

Herzchen

Sie können dieses bestickte Herz bespielsweise mit einer Duftkräutermischung füllen und im Badezimmer am Wasserhahn aufhängen. Die Stoffherzen eignen sich aber auch zum Aufbewahren von Blumensamen. Wenn sie die Rückseite mit einem Reißverschluß versehen, können Sie die Samen leicht einfüllen. Die Herzchen sind ideale Geschenke für alle möglichen Anlässe.

Endmaße der Stickerei:
6,4 x 6,4 cm

Material

1 Straminstück (56 Fäden/ 10 cm), 10 x 10 cm
1 spitzenbesetztes Herz, entweder fertig gekauft oder selbstgemacht aus Leinenresten, Spitze und mit einem kleinen Reißverschluß
Nadel für Stickwolle Nr. 8
zum Stoff passendes Nähgarn
Heftfaden
Nähnadel
Pinzette
Duftkräutermischung

Anchor Nordin

- *1 Strang rosa (50) plus*
  1 Spule Reflecta (311)
- *1 Strang hellrosa (48) plus*
  1 Spule Reflecta (311)
- *1 Strang dunkelgrün (218)*
- *1 Strang dunkelgrün (216)*
- *1 Strang rötlichgrau (233)*

Anleitung
Sie können ein gekauftes Herz verwenden oder eines selber nähen. Dazu schneiden Sie aus Leinenresten zwei Herzformen aus, versehen die eine mit einem Reißverschluß und die andere mit einem Spitzenbesatz. Dann heften Sie den Stramin in die Mitte der Vorderseite, markieren im Zählmuster und auf dem Stramin die Mitte. Von dort beginnen Sie mit 2 Fäden Nordingarn in der Nadel zu sticken. Wenn Sie mit Reflectagarn arbeiten, verwenden Sie einen Faden Nordingarn und einen Faden Reflecta. Gerade Stiche werden mit nur einem Faden Nordingarn ausgeführt. Wenn die Stickerei fertig ist, entfernen Sie die Heftfäden und ziehen mit der Pinzette die Straminfäden unter der Stickerei heraus. Nun nähen Sie die beiden Herzhälften entlang der Außenkante sorgfältig zusammen. Öffnen Sie den Reißverschluß auf der Rückseite, legen Sie die Füllung ein, und schließen Sie ihn dann wieder.

Majoranherz

Füllen sie dieses Duftherz mit einer Duftkräutermischung, und hängen Sie es dann in Ihren Kleiderschrank. Solche Herzen sind ideale Geschenke. Die gekauften Herzen bestehen aus zwei Hälften, so daß Sie eine Seite mit Straminunterlage besticken und dann beide Hälften zusammennähen können.

Endmaße der Stickerei:
6,4 x 6,4 cm

Material

1 Straminstück (56 Fäden/ 10 cm), 10 x 10 cm
1 spitzenbesetztes Herz, fertig gekauft oder selbstgemacht
Nadel für Stickwolle Nr. 8
zum Stoff passendes Nähgarn
Heftfaden
Nähnadel
Pinzette
Duftkräutermischung

Anleitung

Sie können ein gekauftes Herz verwenden oder selber eines nähen. Dazu schneiden Sie aus Leinenresten zwei Herzformen aus, versehen die eine mit einem Reißverschluß und die andere mit einem Spitzenbesatz. Dann heften Sie den Stramin in die Mitte der Vorderseite, markieren im Zählmuster und auf dem Stramin die Mitte. Von dort beginnen Sie mit 2 Fäden Nordingarn in der Nadel zu sticken. Wenn Sie mit Reflectagarn arbeiten, verwenden Sie einen Faden Nordingarn und einen Faden Reflecta.

Für die Arbeit mit Cristallinagarn nehmen Sie einen Faden Nordingarn und einen Faden Cristallina. Gerade Stiche werden mit nur einem Faden Nordingarn ausgeführt. Wenn die Stickerei fertig ist, entfernen Sie die Heftfäden und ziehen mit der Pinzette die Straminfäden unter der Stickerei heraus. Nun nähen Sie die beiden Herzhälften entlang der Außenkante sorgfältig zusammen. Öffnen Sie den Reißverschluß auf der Rückseite, legen Sie die Füllung ein, und schließen Sie ihn dann wieder.

Anchor Nordin

- *1 Strang mauve (100) plus 1 Spule Cristallina (323)*
- *1 Strang lila (95) plus 1 Spule Cristallina (323)*
- *1 Strang altrosa (895)*
- *1 Strang hellgrün (215)*
- *1 Strang dunkelgrün (216)*
- *1 Strang grau (397) plus 1 Spule Reflecta (301)*
- *1 Strang rötlichgrau (233)*

Blumenuhr

Die Blumen, die ich für diese Uhr zusammengestellt habe, stammen zum Großteil aus der freien Natur. Um das Zifferblatt ranken sich Heckenrosen, Glockenblumen, Veilchen und viele andere Blüten aus Feld und Flur. Ich habe für die Uhr ein Zifferblatt aus Messing verwendet, das Sie im Fachhandel kaufen können. Wenn Sie aber besonders ehrgeizig sind, können Sie auch die Zahlen des Zifferblatts auf den Stoff sticken und dann ein Quarzuhrwerk mit Zeigern anbringen.

Endmaße der Stickerei:
28 x 28 cm

Material

1 Straminstück (56 Fäden/ 10 cm), 39,4 x 39,4 cm
Sticknadel Nr. 22
Zifferblatt, 12,7 cm Durchmesser
Quarzuhrwerk und Zeiger
1 Stück säurefreier Karton, 28 x 28 cm
Gummilösung
Stricknadel

Anchor Sticktwist

- *1 Strang hellgelb (293)*
- *1 Strang rosa (893)*
- *1 Strang hautfarben (1012)*
- *1 Strang altrosa (1027)*
- *1 Strang gelb (298)*
- *1 Strang cremefarben (886)*
- *1 Strang dunkelgrün (281)*
- *2 Stränge grün (260)*
- *1 Strang violett (99)*
- *1 Strang lila (96)*
- *1 Strang dunkelrosa (57)*
- *1 Strang hellblau (175)*
- *1 Strang olivgrün (874)*

Anleitung

Markieren Sie im Zählmuster und auf dem Stramin die Mitte, und zählen Sie von diesem Punkt zur nächstgelegenen Blume. Von dort beginnen Sie mit 3 Fäden (Baumwolle) in der Nadel in Kreuzstich zu sticken. Die fertige Stickerei ziehen Sie auf den Karton auf und kleben die Kanten auf der Rückseite des Passepartouts mit Gummilösung fest. Nun stechen Sie in der Mitte des überzogenen Kartons mit der Stricknadel ein Loch und kleben das Zifferblatt auf das unbestickte Feld in der Mitte. Nach dem Trocknen bringen Sie Quarzuhrwerk und Zeiger den Anleitungen des Herstellers entsprechend an.

Nackenrolle mit Majoranstickerei

Als Tee aufgebrüht, ist der süße Majoran mit seinen zartrosa Blüten ein gutes Heilmittel gegen Bronchitis und Erkältung. Außerdem beruhigt er die Nerven und hilft bei Streß.

Endmaße der Stickerei:
26 x 21,6 cm

Material

1 Stück ecrufarbener Aidastoff (72 Fäden/10 cm), 61 x 33 cm
Sticknadel Nr. 25
2 Stücke Baumwollstoff, 31,7 x 61 cm
1 Kordel (1 m)
1 Nackenrolle oder 1 Rolle Baumwollwatte von 51 cm Länge und mit 22 cm Durchmesser

Anchor Nordin von Coats Mez

1 Strang rötlichgrau (233)
3 Stränge dunkelgrün (218)
1 Strang dunkelgrün (216)
1 Strang rosa (50) plus 1 Spule Reflecta (311)
1 Strang hellrosa (48) plus 1 Spule Reflecta (311)
1 Strang gelb (298)
1 Strang hellgelb (290)

Anleitung
Markieren Sie im Zählmuster und auf dem Aidastoff die Mitte. Von dort beginnen Sie mit 2 Fäden Nordingarn (oder einen Faden Nordingarn und einen Faden Reflecta) in der Nadel zu sticken. Gerade Stiche werden mit nur einem Faden Nordingarn ausgeführt. Wenn die Stickerei fertig ist, an jede Längsseite ein Stück Baumwollstoff nähen, so daß ein Stoffstreifen von 61 x 91,4 cm entsteht. Machen Sie an den beiden kurzen Kanten einen 3,8 cm breiten Saum. Nun falten Sie den Streifen, mit der rechten Seite nach oben, der Länge nach und nähen die beiden langen Kanten zusammen. Umdrehen und die Nackenrolle einlegen. Die Kordel durch die Seitensäume führen, zusammenziehen und binden.

DER OBSTGARTEN

Vorlage zu diesen Motiven waren die Früchte und Beeren, die mich letztlich auch zu diesem Buch inspirierten. Mein allererstes Design war das für den Spiegelrahmen auf Seite 77. Gestickt wurde er von Carolyn Palmer, der wohl besten Kreuzstickerin, die es gibt. Nach der vielen Mühe, die sich Carolyn gemacht hatte, beschloß ich, das Ganze etwas zu vereinfachen und die Früchte aus dem Rahmen für Sie zu kleineren Arbeiten zusammenzustellen. Ich hoffe, daß Sie an den Motiven ebensoviel Freude haben wie ich. Und nun ... ran an die Arbeit!

Barometer mit Adam und Eva

Im Paradies kann es ganz schön heiß werden, und da ist es dann gut, wenn man hin und wieder die Temperatur prüft. Anstelle des Barometers, das Sie im Fachhandel erhalten, können Sie auch eine Uhr verwenden. Ich habe das Barometer von einem Fachmann rahmen lassen, aber wenn Sie mit einem Schneidemesser gut umgehen können, gibt es keinen Grund, weshalb Sie es nicht selbst tun sollten.

Endmaße der Stickerei:
40,6 x 29,9 cm

Material

1 Stück cremefarbener Aidastoff (44 Fäden/10 cm), 49,5 x 38,1 cm
Stickereinadel Nr. 22
1 Baromter, 14 cm im Durchmesser
1 Stück dicker, säurefreier Karton, 43,2 x 32,4 cm
Schneidemesser oder Cutter
Gummilösung
passender Rahmen

Change
Rain
Stormy
Fair
Very Dry
THERMOMETER

Anchor Sticktwist

- *1 Strang braun (360)*
- *2 Stränge hellbraun (358)*
- *1 Strang rot (46)*
- *1 Strang gelb (305)*
- *2 Stränge grün (267)*
- *1 Strang dunkelrosa (57)*
- *1 Strang hellgrün (255)*
- *1 Strang hellblau (175)*
- *1 Strang hautfarben (1012)*
- *gerade Stiche in Braungrau (1041)*

Anleitung

Markieren Sie im Zählmuster und auf dem Aidastoff die Mitte, und zählen Sie von diesem Punkt zum nächstgelegenen Stich. Von dort beginnen Sie mit 3 Fäden (Baumwolle) in der Nadel in Kreuzstich zu sticken. Wenn die Stickerei fertig ist, legen Sie das Barometer auf den Karton und markieren den Umkreis des ganzen Barometers, so daß es gut in den Ausschnitt paßt. Spannen Sie die Stickerei über den Karton, und kleben Sie den nach hinten umgefalteten Rand an der Rückseite des Kartons fest. Schneiden Sie den Stoff über der Mittelöffnung kreuzweise ein, und schneiden Sie die entstandenen Dreiecke so zurecht, daß ein 2,5 cm breiter Rand verbleibt. Diesen schneiden Sie in Abständen ein, falten ihn um die Öffnung nach hinten und verkleben ihn an der Rückseite des Kartons. Nach dem Trocknen rahmen Sie die Stickerei und passen das Barometer in die Öffnung ein.

Birnenpaar

Dieses Deckchen können Sie an die Wand hängen, einrahmen oder als Tischläufer verwenden. Sie könnten aber auch aus einem Stoffstück mit 56 Fäden/ 10 cm ein Tischset machen und die Birnen an einer Kante entlangsticken. Das Motiv paßt besonders gut zu traditionellem Dekor.

Endmaße der Stickerei:
43,2 x 21,6 cm

Material
1 Stück cremefarbenen Aidastoff (44 Fäden/10 cm), 55,9 x 30,5 cm
Sticknadel Nr. 22

Anchor Sticktwist

- *1 Strang kupferrot (1003)*
- *1 Strang olivgrün (874)*
- *1 Strang braun (936)*
- *1 Strang strohgelb (891)*
- *2 Stränge olivgrün (907)*
- *1 Strang gelb (298)*
- *2 Stränge dunkelgrün (217)*
- *2 Stränge hellgrün (266)*
- *2 Stränge grau (398)*
- *1 Strang rosa (25)*
- • *2 Stränge weiß (2)*

Anleitung
Markieren Sie im Zählmuster und auf dem Aidastoff die Mitte. Von dort beginnen Sie mit 3 Fäden (Baumwolle) in der Nadel in Kreuzstich zu sticken. Die Details der Birne arbeiten Sie im Rückstich mit 2 Fäden braunem Sticktwist in der Nadel. Wenn die Stickerei fertig ist, lösen Sie vorsichtig einige Fäden aus dem Rand des Aidastoffes, so daß ein Fransenrand entsteht.

Spiegel im Früchterahmen

Für dieses Projekt brauchen Sie schon etwas Mut und Ausdauer, und wenn Sie sich wirklich die viele Mühe machen, empfehle ich dringend, den Spiegel professionell rahmen zu lassen, denn nach der vielen Arbeit ist nur das Beste gut genug. Für alle, die einen fähigen Heimwerker zu Hause haben, gebe ich die Maße für die Fassung an, doch ich rate nochmals davon ab, den Spiegel selber zu rahmen.

Endmaße der Stickerei:
54 x 76,2 cm

Material
1 Stück khakifarbener Aidastoff (64 Fäden/10 cm), 67,3 x 86,4 cm
Sticknadel Nr. 24
1 Stück säurefeier Karton zum Beziehen, 56,5 x 78,7 cm
1 Stück Polyester-Wattierung, 56,5 x 78,7 cm
1 Spiegel, etwa 33 x 48,2 cm
1 Holzfaserplatte, 56,5 x 78,7 cm
Gummilösung
starker Alleskleber
Schneidemesser oder Cutter

Anleitung
Fotokopieren Sie die einzelnen Zählmuster, und kleben Sie diese dann dem Lagediagramm entsprechend zusammen. Von einigen Mustern brauchen Sie spiegelverkehrte Kopien. Markieren Sie im Lagediagramm und auf dem Aidastoff die Mitte, und zählen Sie von diesem Punkt zum

nächstgelegenen Stich. Von dort beginnen Sie mit 2 Fäden (Baumwolle) in der Nadel in Kreuzstich zu sticken, bis das Motiv fertig ist. Arbeiten Sie zuerst den oberen linken Abschnitt, dann den oberen rechten, den unteren rechten und schließlich den unteren linken Abschnitt. Schneiden Sie das Mittelstück aus dem Karton, so daß ein Rahmen von 17,8 cm Breite stehenbleibt. Mit dem Karton als Vorlage schneiden Sie die Polyester-Wattierung zu und kleben sie mit Gummilösung auf den Rahmen. Trocknen lassen. Nun spannen Sie die fertige Stickerei über den wattierten Rahmen und kleben die ungesäumten Kanten auf der Rückseite des Kartons mit Gummilösung fest.

Schneiden Sie den Aidastoff über der Mittelöffnung kreuzweise ein, und schneiden Sie die entstandenen Dreiecke so zurecht, daß ein 2,5 cm breiter Rand verbleibt. Schneiden Sie diesen Rand nun vorsichtig an den Ecken ein, falten sie ihn um die Öffnung nach hinten, und verkleben Sie ihn an der Rückseite des Kartons. Dann kleben Sie den Spiegel mit Alleskleber in die Mitte der Hartfaserplatte, ebenso den Rahmen. Zuletzt können sie dann noch eine Kordel entlang der Innenkante kleben.

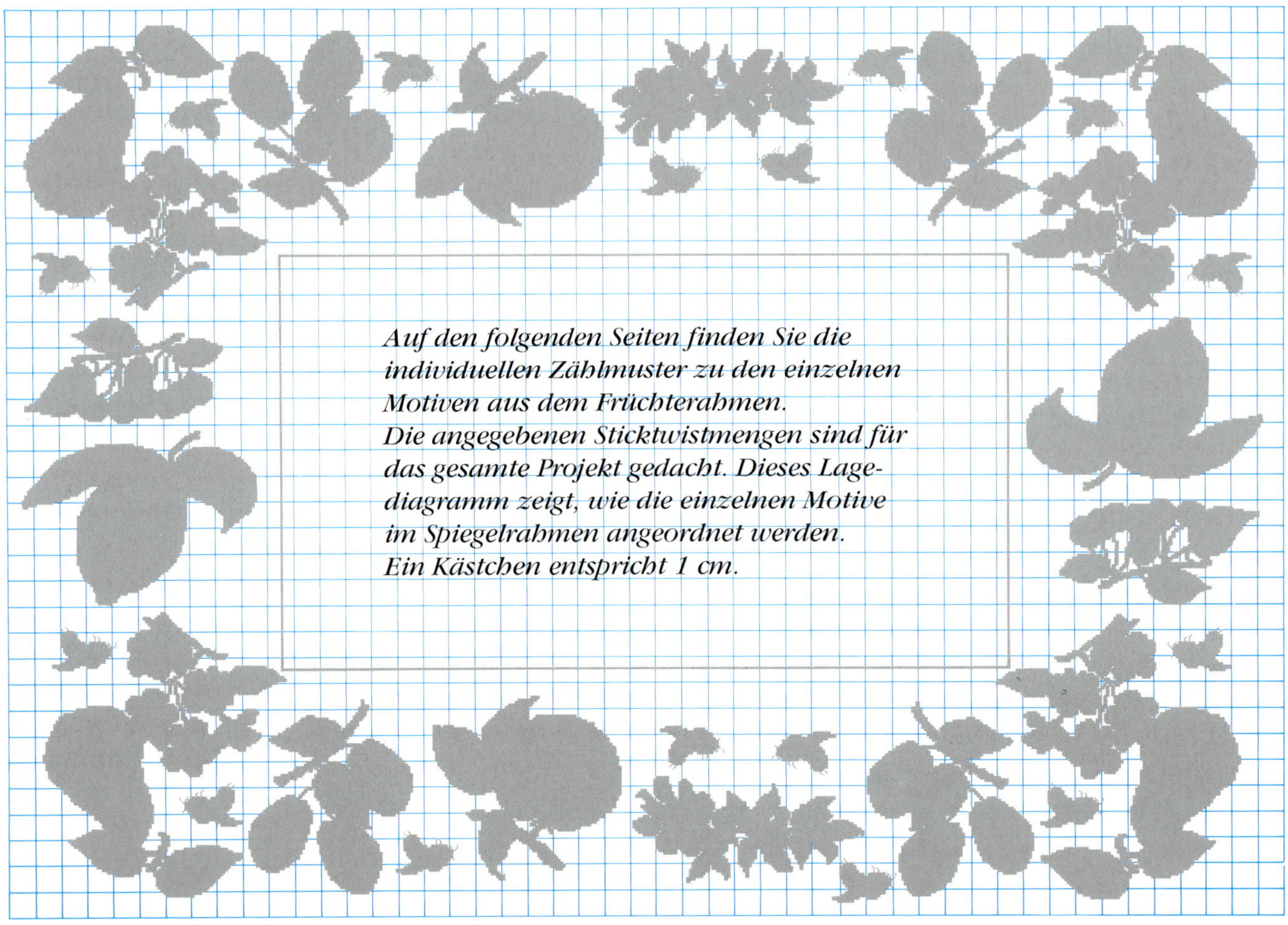

*Auf den folgenden Seiten finden Sie die individuellen Zählmuster zu den einzelnen Motiven aus dem Früchterahmen.
Die angegebenen Sticktwistmengen sind für das gesamte Projekt gedacht. Dieses Lagediagramm zeigt, wie die einzelnen Motive im Spiegelrahmen angeordnet werden.
Ein Kästchen entspricht 1 cm.*

Anchor Sticktwist

- *4 Stränge weiß (2)*
- *2 Stränge kupferrot (1003)*
- *2 Stränge strohgelb (891)*
- *2 Stränge olivgrün (874)*
- *3 Stränge grau (398)*
- *4 Stränge olivgrün (907)*
- *3 Stränge violett (119)*
- *2 Stränge ziegelrot (896)*
- *4 Stränge dunkelviolett (102)*
- *3 Stränge gelb (298)*
- *3 Stränge rosa (25)*
- *3 Stränge dunkelrosa (42)*
- *3 Stränge braun (359)*
- *3 Stränge rot (46)*
- *5 Stränge hellgrün (266)*
- *12 Stränge dunkelgrün (217)*
- *1 Strang limonengrün (259)*

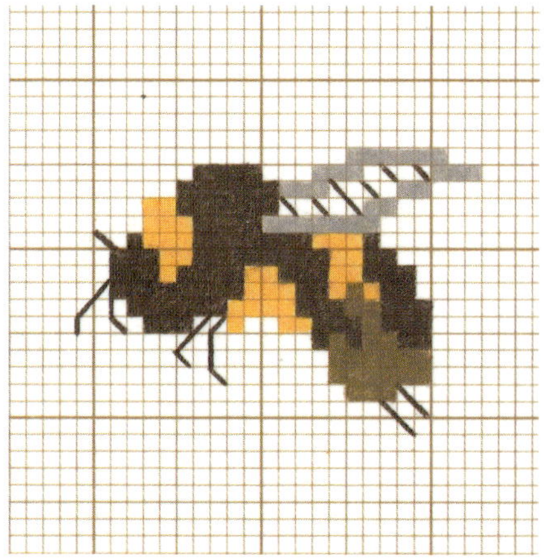

Anchor Sticktwist

- *4 Stränge weiß (2)*
- *2 Stränge kupferrot (1003)*
- *2 Stränge strohgelb (891)*
- *2 Stränge olivgrün (874)*
- *3 Stränge grau (398)*
- *4 Stränge olivgrün (907)*
- *3 Stränge violett (119)*
- *2 Stränge ziegelrot (896)*
- *4 Stränge dunkelviolett (102)*
- *3 Stränge gelb (298)*
- *3 Stränge rosa (25)*
- *3 Stränge dunkelrosa (42)*
- *3 Stränge braun (359)*
- *3 Stränge rot (46)*
- *5 Stränge hellgrün (266)*
- *12 Stränge dunkelgrün (217)*
- *1 Strang limonengrün (259)*

Anchor Sticktwist von Coats Mez

- 4 Stränge weiß (2)
- 2 Stränge kupferrot (1003)
- 2 Stränge strohgelb (891)
- 2 Stränge olivgrün (874)
- 3 Stränge grau (398)
- 4 Stränge olivgrün (907)
- 3 Stränge violett (119)
- 2 Stränge ziegelrot (896)
- 4 Stränge dunkelviolett (102)
- 3 Stränge gelb (298)
- 3 Stränge rosa (25)
- 3 Stränge dunkelrosa (42)
- 3 Stränge braun (359)
- 3 Stränge rot (46)
- 5 Stränge hellgrün (266)
- 12 Stränge dunkelgrün (217)
- 1 Strang limonengrün (259)

Buchhülle mit Fliegenpilz

Ich habe die Fliegenpilze in dieses Kapitel aufgenommen, weil man sie oft in Obstgärten findet. Man kann dieses Motiv den verschiedensten Buchgrößen und Fotoalben anpassen, und als besondere Note könnten Sie dann noch den Buchtitel in Kreuzstich aufsticken.

Endmaße der Stickerei:
8,9 x 8 cm

Material

1 Stück cremefarbener Stramin (112 Fäden/10 cm), 14 x 14 cm
Sticknadel Nr. 24
1 Stück Baumwollstoff, das von einer Längskante des Deckels bis zur anderen Längskante (plus 17,8 cm) und vom oberen Rand des Buches bis zum unteren Rand (plus 2,5 cm) reicht
1 Stück säurefreier Karton, 11,4 x 11,4 cm
Gummilösung
3 Längen Kammwolle, jeweils 101,6 cm
2 Bögen Papier in derselben Größe wie der Buchumschlag
1 Buch

Anchor Sticktwist von Coats Mez

- *1 Strang rot (46)*
- • *1 Strang weiß (2)*
- *1 Strang grün (256)*
- *1 Strang strohgelb (891)*
- *1 Strang dunkeloliv (277)*
- *1 Strang grün (267)*
- *1 Strang hellbraun (358)*

Anleitung
Markieren sie im Zählmuster und auf dem Stramin die Mitte. Von dort beginnen Sie mit 2 Fäden (Baumwolle) in der Nadel über zwei Fäden zu sticken. Schlagen Sie den Baumwollstoff um das geschlossene Buch, und falten Sie die ungesäumten Stoffkanten zur Innenseite von Vorder- und Rückumschlag hin. Schneiden Sie die Stoffkanten am oberen und unteren Ende des Buchrückens ein. Nun falten Sie die oberen, unteren, vorderen und hinteren Stoffkanten nach innen und kleben diese gegen die Innenseite des Buchumschlags, die beiden Kanteneinschnitte in den Buchrücken. Spannen Sie die Stickerei über den Karton, und kleben Sie die Kanten auf der Rückseite fest. Nun können Sie die aufgezogene Stickerei in der Mitte des Buchumschlags festkleben. Nehmen Sie die beiden Papierbögen und kleben diese über die ungesäumten Stoffkanten, die Sie gegen das Innere des Buchumschlags geklebt haben. Zuletzt schlingen Sie die Wollfäden zur Kordel (vgl. *Techniken,* S. 165) und kleben diese rings um die Stickerei, wobei Sie die verknoteten Enden unter die Kordel schieben.

Äpfel und Bienen

Dieses Apfel- und Bienenmotiv ist auf ein Geschirrtuch aus Damast gestickt. Sie können solche Geschirrtücher im Fachhandel kaufen, finden sie aber oft auch auf Flohmärkten, bei Nachlaßverkäufen oder im Trödelladen.

Endmaße der Stickerei:
22,8 x 19 cm

Material
1 Straminstück (56 Fäden/ 10 cm), 25,4 x 25,4 cm
Nadel für Stickwolle Nr. 8
1 Geschirrtuch aus Damast
Heftfaden
Nähnadel
Pinzette

Anchor Sticktwist von Coats Mez

1 Strang dunkelrosa (42)	*1 Strang gelb (298)*	*1 Strang hellgrün (214)*
1 Strang weiß (2)	*1 Strang olivgrün (874)*	*1 Strang rot (46)*
1 Strang rosa (25)	*1 Strang braun (359)*	*1 Strang grau (400)*
1 Strang strohgelb (891)	*1 Strang dunkelgrün (217)*	*1 Strang dunkeloliv (277)*

Anleitung

Heften Sie das Straminstück in der unteren Mitte des Geschirrtuchs auf. Markieren Sie im Zählmuster und auf dem Stramin die Mitte. Von dort beginnen Sie mit 2 Fäden (Baumwolle) in der Nadel in Kreuzstich zu sticken. Wenn die Stickerei fertig ist, entfernen Sie die Heftfäden und ziehen mit der Pinzette die Straminfäden unter der Stickerei heraus.

Brombeerbeutel

Dies ist der Zwilling zum Vogelbeerbeutel auf Seite 94. Sie können ihn beispielsweise zu einem hübschen Sommerkleid am Gürtel tragen.

Endmaße der Stickerei:
etwa 10 x 10 cm

Material

1 Stück rustikaler Stramin (56 Fäden/10 cm), 17,8 x 17,8 cm
Sticknadel Nr. 22
1 Stück bedruckter Baumwollstoff, 81,3 x 30,5 cm
Nähmaschine
Nähseide passend zum Baumwollstoff
Nähnadel
2 m feine Kordel oder gedrehtes Stickgarn

Anchor Sticktwist von Coats Mez

- *1 Strang dunkelviolett (102)*
- *1 Strang violett (99)*
- *1 Strang dunkelgrün (217)*
- *1 Strang hellgrün (214)*
- *1 Strang ziegelrot (896)*
- *1 Strang grau (869)*
- *1 Strang gelb (305)*
- *1 Strang braun (360)*
- *1 Strang altgold (890)*

Anleitung

Markieren Sie im Zählmuster und auf dem Stramin die Mitte. Von dort beginnen Sie mit 3 Fäden (Baumwolle) in der Nadel zu sticken. Anschließend nähen Sie an den kurzen Kanten des Baumwollstoffs einen 5 cm breiten Saum. Falten Sie den Stoff in der Mitte links auf links. Mit den Säumen nach oben legen Sie die Stickerei auf die rechte Seite des Stoffes. Falten Sie die Kanten des Stramins um, so daß ein 15,9 cm großes Quadrat entsteht, und nähen Sie es auf. Sie können die Naht durch eine Kordel verdecken. Legen Sie den Stoff rechts auf rechts, und nähen Sie die Seitennähte mit 2,5 cm Nahtzugabe fest. Nicht über den oberen Saum nähen! Wenden Sie den Beutel und vernähen Sie die Seitenkanten mit einer französischen Naht. Halbieren Sie die übrige Kordel. Die beiden Kordeln durch die Säume ziehen und an den entgegengesetzten Seiten des Beutels verknoten.

Vogelbeerbeutel

Sie könnten in diesem Beutel beispielsweise Samenpäckchen aufbewahren. Neben den Brombeerbeutel gehängt, verschönert er jeden Raum.

Endmaße der Stickerei:
10,8 x 10 cm

Material

1 Stück rustikaler Stramin (56 Fäden/10 cm), 17,8 x 17,8 cm
Sticknadel Nr. 22
1 Stück bedruckter Baumwollstoff, 81,3 x 30,5 cm
Nähmaschine
Nähseide passend zum Baumwollstoff
Nähnadel
2 m feine Kordel oder gedrehtes Stickgarn

Anchor Sticktwist

1 Strang rot (13)
1 Strang braun (359)
1 Strang dunkelgrün (212)
1 Strang jadegrün (210)
1 Strang olivgrün (907)
1 Strang braungrau (903)

Anleitung

Markieren Sie im Zählmuster und auf dem Stramin die Mitte. Von dort beginnen Sie mit 3 Fäden (Baumwolle) in der Nadel in Kreuzstich zu sticken. Wenn die Stickerei fertig ist, nähen Sie an den kurzen Kanten des Baumwollstoffs einen 5 cm breiten Saum. Falten Sie den Stoff in der Mitte links auf links. Mit den Säumen nach oben legen Sie die Stickerei auf der rechten Seite des Stoffes in die Mitte. Falten Sie die Kanten des Stramins um, so daß ein 15,9 cm großes Quadrat entsteht. Nähen Sie nun den bestickten Stramin auf dem Baumwollstoff fest. Verdecken Sie die Naht durch die Kordel. Drehen Sie den Stoff um, so daß die rechten Seiten gegeneinander liegen, und nähen Sie die Seitennähte mit 2,5 cm Nahtzu-

gabe mit der Nähmaschine fest. Dabei nicht über den oberen Saum nähen.

Wenden Sie den Beutel von innen nach außen und vernähen Sie die Seitenkanten mit einer französischen Naht. Halbieren Sie die übrige Kordel. Nun ziehen Sie die beiden Kordeln durch die Säume und verknoten sie an den entgegengesetzten Seiten des Beutels.

Kirschenhut

Im folgenden gebe ich Ihnen die Anleitung für den ganzen Hut. Sie können natürlich auch nur das gestickte Motiv auf einen Hut aufnähen oder ein Stück Stoff in der Form Ihrer Hutkrempe zurechtschneiden, besticken und dann auf die Krempe Ihres Hutes aufnähen.

Endmaße der Stickerei:
6,4 x 12 cm

Material

1 Stück graugrüner Aidastoff (64 Fäden/10 cm) für die Hutkrempe, 48,2 x 71,1 cm
Sticknadel Nr. 24
1 Stück Musselinstoff zum Füttern von Bund und Krone, 43,2 x 76,2 cm
1 Stück Baumwolldrillich für Krempe, Bund und Krone, 61 x 76,2 cm
Transparentpapier
Bleisift
Nähmaschine
Nähgarn
Nähnadel

Anchor Sticktwist

- *1 Strang rot (46)*
- *1 Strang dunkelviolett (102)*
- *1 Strang strohgelb (891)*
- *1 Strang ziegelrot (896)*
- *1 Strang dunkelgrün (217)*
- *1 Strang hellgrün (266)*
- *1 Strang braun (936)*

Anleitung
Vergrößern Sie das Schnittmuster für den Hut (1 Kästchen entspricht etwa 1 cm). Falten Sie die Stoffstücke in der Mitte und legen Sie die Schnitte entlang der Faltlinie, wie durch die Pfeile markiert, auf. Markieren Sie auf der Krempe aus Aidastoff und im Zählmuster die Mitte. Von dort beginnen Sie mit 2 Fäden (Baumwolle) in der Nadel in Kreuzstich zu sticken, bis die Stickerei fertig ist. Nähen Sie die Krempen aus Aidastoff und Drillich, rechts auf rechts, entlang der gebogenen Linie zusammen. Säumen Sie die Enden und wenden Sie die Krempe. Krempe und Drillichbund zusammenheften und festnähen. Die beiden kurzen Bundenden zusammennähen. Wenden Sie nun den Hut. Heften und nähen Sie die Krone aus Musselin an den Bund. Zum Füttern des Hutes nähen Sie den Bund und die Krone aus Futterstoff zusammen und verbinden die beiden Seitennähte miteinander. Zuletzt legen Sie das fertige Futter links auf links in den Hut. Falten sie die ungesäumten Kanten nach innen, und nähen Sie mit der Hand die untere Kante des Futterbundes mit der Innenkante der Krempe zusammen.

Vergrößern Sie die nachstehend gezeigten Schnittmuster für Krempe, Bund und Krone. Ein Kästchen entspricht 1 cm.

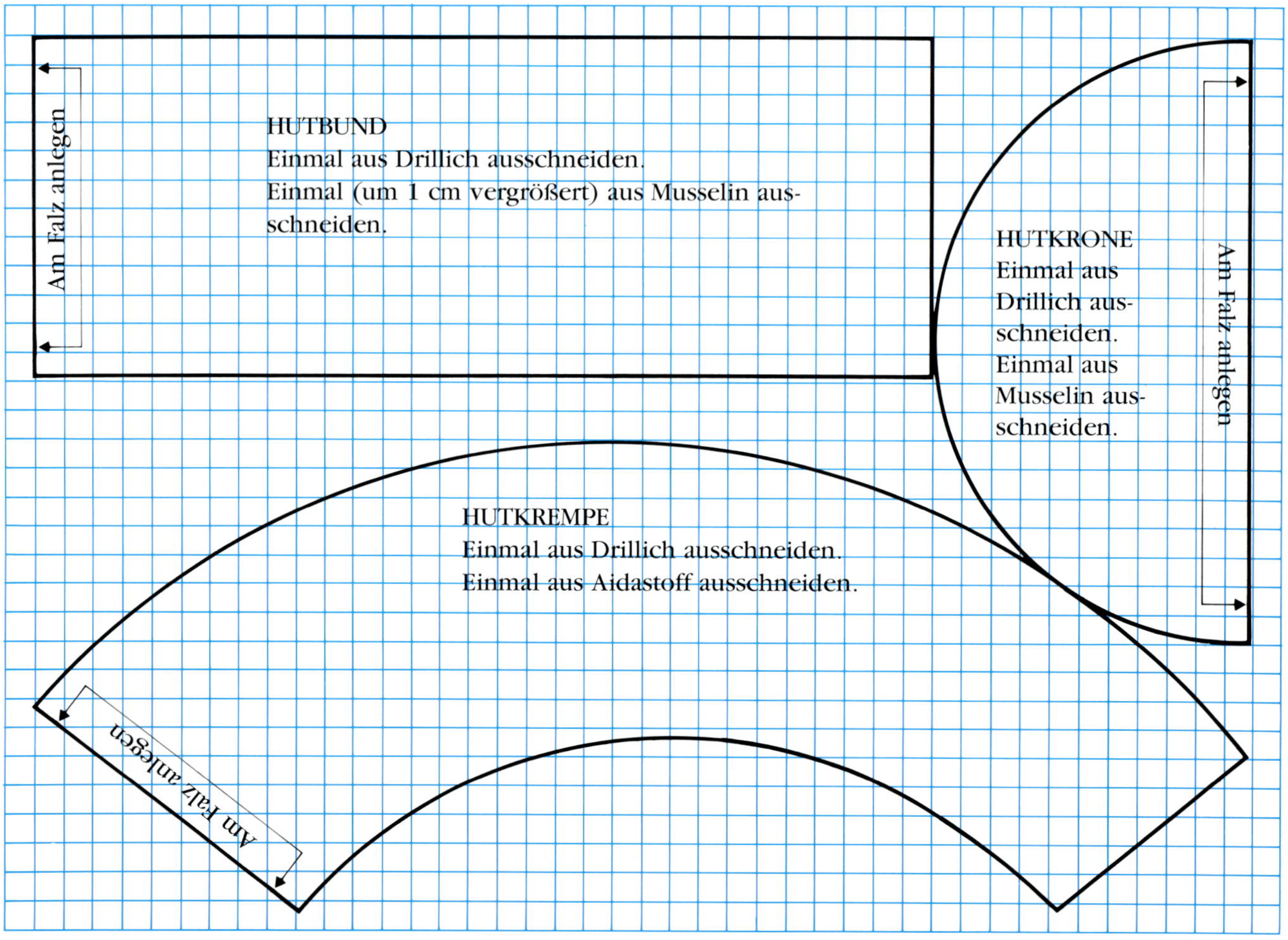

Erdbeer-Tischtuch

Dieses bezaubernde Tischtuch mit Erdbeerstickerei verleiht jedem Teetisch eine sommerliche Note. Zum Tischtuch passende Servietten können Sie mit einer einzelnen Erdbeere, gestickt in eine Ecke, verschönern.

Endmaße des zentralen Motivs: 8,9 cm im Durchmesser
Endmaße der kleinen Motive: 3,8 x 3,8 cm

Material

1 Straminstück (56 Fäden/ 10 cm), 12,7 x 12,7 cm
4 Straminstücke (56 Fäden/ 10 cm), jeweils 6,3 x 6,3 cm
Nadel für Stickwolle Nr. 8
1 rundes, spitzenbesetztes Tischtuch
Nähnadel
Heftfaden
Pinzette

Anlcitung

Heften Sie das große Straminstück genau in die Mitte des Tischtuchs und anschließend die vier kleinen Stücke, gleichmäßig verteilt, auf den Rand des Tuchs. Markieren Sie im Zählmuster des zentralen Motivs und auf dem Stramin die Mitte. Von dort beginnen Sie mit 2 Fäden (Baumwolle) in der Nadel in Kreuzstich zu sticken. Dasselbe wiederholen Sie für die kleinen Motive. Wenn die einzelnen Motive fertiggestickt sind, entfernen Sie die Heftfäden und ziehen mit der Pinzette die Straminfäden unter der Stickerei heraus.

Anchor Sticktwist

- *1 Strang grün (215)*
- *1 Strang korallenrot (10)*
- *1 Strang gelb (305)*
- *1 Strang pfirsich (9)*
- *1 Strang hellpfirsich (1010)*
- *1 Strang hellgrün (214)*
- *1 Strang tiefgrün (212)*

DER GEMÜSEGARTEN

Nichts ist appetitlicher als ein Korb voll frischer Karotten und Bohnen aus dem Garten. Die Blüten, Formen und Strukturen von Gemüse machen das Ausarbeiten von Motiven zum reinen Vergnügen, vor allem wenn man weiß, daß man diese Köstlichkeiten danach auch essen kann. Das Gemüse, das in meinem Landhaus-Garten die Kaninchen überlebt, fällt schließlich den Schnecken zum Opfer. Daher widme ich dieses Kapitel jenen cleveren Menschen, denen es gelingt, makelloses Gemüse in ihren Gärten zu ziehen. Mögen sie mir auch weiterhin Hoffnung geben.

Pinwand mit Gemüsedekor

Zucchini und Kürbisse sind ideale Objekte für den Designer. Ich habe meine Zucchini hier auf einen äußerst attraktiven Stoff gestickt, der Jute ähnelt. Sie können die fertige Stickerei für alles mögliche verwenden. Meine ziert eine Pinwand, die ich in meinem Gewächshaus aufhängen werde.

Endmaße der Stickerei:
7,3 x 20,3 cm

Material

1 Stück rustikaler Stramin (56 Fäden/10 cm), 20,3 x 29,2 cm
Sticknadel Nr. 22
1 Stück säurefreier Karton, 15,2 x 24,1 cm
1 Stück Polyester-Wattierung, 15,2 x 24,1 cm
1 Stück fester Karton, etwa 61 x 43,2 cm
1 Stück orangefarbenes Juteleinen, 71,1 x 53,3 cm
12,8 m grünes Band, 12 mm breit
Gummilösung

Anchor Sticktwist von Coats Mez

- *1 Strang grün (267)*
- *1 Strang gelb (302)*
- *1 Strang cremefarben (852)*
- *1 Strang grün (266)*
- *1 Strang dunkelgrün (212)*
- *1 Strang goldfarben (304)*
- *1 Strang hellorange (1002)*
- *1 Strang kupfer (326)*
- *1 Strang olivgrün (874)*

Anleitung
Markieren Sie im Zählmuster und auf dem Stramin die Mitte. Von dort beginnen Sie mit 3 Fäden (Baumwolle) in der Nadel in Kreuzstich zu sticken. Für Rückstiche verwenden Sie 2 Fäden (Baumwolle) in der Nadel. Kleben Sie die Polyester-Wattierung an die Vorderseite des Kartons. Trocknen lassen. Spannen Sie die Stickerei über den bezogenen Karton, und achten Sie dabei darauf, daß sie genau zentriert ist. Falten Sie die ungesäumten Kanten nach hinten, und kleben Sie diese auf der Rückseite des Kartons fest.

Überziehen Sie den großen Karton mit Juteleinen. Schneiden Sie vom Band zweimal 81,3 cm ab und kleben Sie die beiden Bänder kreuzweise von der oberen Ecke zur gegenüberliegenden unteren Ecke. Von der oberen Kante ausgehend, befestigen Sie parallel zu den ersten Bändern in Abständen von ca. 5 cm weitere Bänder. Die Bandenden auf der Rückseite festkleben. Sie machen nun so weiter, wobei Sie allerdings die 2. Partie Bänder über und unter den bestehenden Bändern durchziehen, so daß ein Gitterwerk entsteht. Zuletzt kleben Sie das fertige Stickereimotiv oben in die Mitte der Tafel. Zum Aufhängen der Tafel kleben Sie unterhalb der oberen Kante eine Bandschlinge auf die Rückseite.

Häschentasche

Es gibt für Kreuzsticharbeiten einige sehr aparte Stoffe, und dieser wollweiße Aidastoff ist da keine Ausnahme. Ich habe aus orangefarbenem Juteleinen eine einfache Tasche gemacht und das Kreuzstich-Sticktuch vorne aufgenäht. Wenn Sie keine Tasche wollen, können Sie das Sticktuch auch rahmen und in Ihrer Küche aufhängen.

Anchor Sticktwist von Coats Mez

- *1 Strang schwarz (403)*
- *1 Strang orange (316)*
- *1 Strang braun (277)*
- *1 Strang altgold (890)*
- *1 Strang grün (267)*
- • *1 Strang weiß (2)*
- *1 Strang fliederfarben (869)*
- *1 Strang rötlichgrau (233)*
- *1 Strang hellgrün (264)*
- *1 Strang hellgrün (255)*
- *1 Strang rot (334)*

Endmaße der Stickerei:
35,5 x 30 cm

Material

1 Stück wollweißer Aidastoff (56 Fäden/10 cm), 45,7 x 40,6 cm
Sticknadel Nr. 22
2 Stücke orangefarbenes Juteleinen, jeweils 55,9 x 68,6 cm
1 Stück orangefarbenes Juteleinen, 15,2 x 101,6 cm
Stecknadeln
Heftfaden
Nähseide, passend zu Aidastoff und Leinen
Nähmaschine

Anleitung

Markieren Sie im Zählmuster und auf dem Aidastoff die Mitte. Von dort beginnen Sie mit 3 Fäden (Baumwolle) in der Nadel in Kreuzstich zu sticken. Nähen Sie die Umrisse der Häschen (nur um die weißen Flächen) im Rückstich mit 2 Fäden altgold in der Nadel. Wenn die Stickerei fertig ist, falten Sie die ungesäumten Kanten nach hinten und stecken das Sticktuch in der Mitte eines der beiden großen Leinenstücke fest, so daß der Abstand unten 8,9 cm und der Abstand oben 12,7 cm beträgt. Drehen Sie das Leinenstück um, und heften Sie an beiden Seiten einen 12 mm breiten und oben einen 3,8 cm breiten Saum um. Übernähen Sie die Heftnähte mit der Maschine, und entfernen Sie die Heftfäden. Säumen Sie das zweite Leinenstück auf dieselbe Weise. Legen Sie die beiden Stoffteile links auf links aufeinander. Nähen Sie mit der Maschine an den Kanten entlang, so daß eine Tasche entsteht. Für den Henkel falten Sie das restliche Leinenstück der Länge nach auf die Hälfte und nähen eine Naht. Wenden Sie den Henkel und setzen Sie auf beiden Seiten 12 mm vom Rand eine französische Naht. Nähen Sie die kurzen Enden an der Innenseite der Tasche über den Seitennähten fest.

Häschen-Thermometer

Wie wäre es mit einem hübsch verzierten Themometer für Ihr Gewächshaus? Sie können Thermometer und Barometer im Fachhandel kaufen oder bestellen. Für mein Thermometer habe ich einige Häschen aus meinem Gemüsegarten genommen, Sie können aber auch verschiedene andere Motive aus diesem Buch verwenden.

Endmaße der Stickerei:
26 x 10,8 cm

Material

1 Stück cremefarbener Aidastoff (56 Fäden/10 cm), 33,6 x 18,4 cm
Sticknadel Nr. 22
1 Stück säurefreier Karton, 28 x 12,7 cm
1 fertigmontiertes Thermometer, 17,8 x 3,2 cm
Messinghaken oder selbstklebender Bilderhaken
Gummilösung

°C
50
40
30
20
10
0

Anchor Sticktwist

- *1 Strang braun (359)*
- *1 Strang grün (267)*
- *1 Strang weiß (2)*
- *1 Strang altgold (890)*
- *1 Strang schwarz (403)*
- *1 Strang rot (334)*
- *1 Strang hellgrün (264)*
- *1 Strang rötlichgrau (233)*
- *1 Strang grau (869)*
- *1 Strang orange (316)*
- *Rückstich in Altgold (890)*

Anleitung
Markieren Sie im Zählmuster und auf dem Aidastoff die Mitte. Von dort beginnen Sie mit 3 Fäden (Baumwolle) in der Nadel in Kreuzstich zu sticken. Nähen Sie die Umrisse der Häschen (nur um die weißen Flächen) in Rückstich mit 2 Fäden altgold in der Nadel. Spannen Sie die fertige Stickerei über den Karton, und kleben Sie die ungesäumten Kanten auf die Rückseite des Kartons. Kleben Sie das Thermometer in die Mitte Ihres Stickmotivs. Zum Abschluß kleben Sie den Haken auf der Rückseite des Kartons unterhalb der oberen Kante mittig auf.

Pilze und Käse

Ich habe mit diesem Pilzmotiv eine leere Camembert-Schachtel dekoriert. Und nun ein dringender Rat: Waschen Sie ehemalige Nahrungsmittelbehälter vor dem Bearbeiten immer gründlich aus. Sonst rümpft beim Anblick Ihres Meisterwerks jeder die Nase!

Endmaße der Stickerei:
9,5 x 8,3 cm

Material

1 Stück roséfarbener Stramin (112 Fäden/10 cm), Durchmesser 2,5 cm größer als der Schachteldeckel
Sticknadel Nr. 24
Camembert-Schachtel (aus Holz) mit Deckel
1 Stück säurefreier Karton, Größe wie Schachteldeckel
1 Stück Polyester-Wattierung, Größe wie Schachteldeckel
Gummilösung

Anchor Sticktwist

- *1 Strang gelb (301)*
- *1 Strang steingrau (391)*
- *1 Strang altgold (890)*
- *1 Strang braun (277)*
- *1 Strang ecru (275)*
- *1 Strang grün (862)*
- *1 Strang braun (360)*
- *1 Strang braungrau (1041)*
- *gerade Stiche in Braungrau (1041)*

Anleitung

Markieren Sie im Zählmuster und auf dem Stramin die Mitte. Von dort beginnen Sie mit 2 Fäden in der Nadel über zwei Fäden des Stramins zu sticken. Gerade Stiche mit nur einem Faden ausführen. Wattierung auf den Karton kleben. Nach dem Trocknen die fertige Stickerei über den Karton spannen, so daß das Motiv in der Mitte ist. Stoffkanten auf die Rückseite kleben und allen überschüssigen Stoff wegschneiden. Nach dem Trocknen kleben Sie die aufgezogene Stickerei auf den Schachteldeckel.

Braune Pilze

Schachteln dekoriere ich besonders gern. Auf den Charakter des Holzes abgestimmt, habe ich hier Leinenjute verwendet und ein „Seil" aus kamelhaarfarbener Strickwolle gedreht. Sie finden in diesem Buch mehrere Pilzmotive, alle von ähnlicher Größe. Sie können sie zu einem großen Sticktuch zusammenstellen oder mit hübschen Stoffen in harmonischen Farben zu einer Patchworkdecke verarbeiten.

Endmaße der Stickerei:
8,3 x 7,6 cm

Material
1 Stück roséfarbener Stramin (112 Fäden/10 cm), 17,8 x 15,2 cm
Sticknadel Nr. 24
1 Stück säurefreier Karton, 12 x 19 cm, oder in der zum Deckel passenden Größe
1 Holzschachtel
1 Stück Polyester-Wattierung, 12 x 19 cm, oder in der zum Deckel passenden Größe
1 Stück Leinenjute, 16,5 x 25,4 cm, oder in der zum Deckel passenden Größe plus 2,5 cm Zugabe
16 m kamelhaarfarbene Strickwolle (Kammwollqualität)
Gummilösung
Nähseide passend zum Stramin
Nähnadel

Anleitung
Markieren Sie im Zählmuster und auf dem Stramin die Mitte. Von dort beginnen Sie mit 2 Fäden (Baumwolle) in der Nadel, über zwei Fäden des Stramins hinweg in Kreuzstich zu sticken. Wenn die Stickerei fertig ist, falten Sie die Kanten nach hinten und nähen die Stickerei in die Mitte der Leinenjute. Kleben Sie die Polyester-Wattierung auf den Karton. Nach dem Trocknen spannen Sie die Leinenjute mit der Stickerei über den Karton, so daß das Motiv in der Mitte sitzt.

Kleben Sie die Stoffkanten auf die Rückseite des Kartons. Nun kleben Sie die wattierte Stickerei in die Mitte des Schachteldeckels. Die Kordel machen Sie, indem Sie 6,4 m Strickwolle in drei Strähnen teilen, die Sie zusammendrehen (vgl. Techniken auf S. 165). Kleben Sie die Kordel sorgfältig um Ihre Stickerei. Nun machen Sie eine dickere Kordel, indem Sie die restliche Wolle in fünf Strähnen teilen und zusammendrehen. Diese Kordel kleben Sie um den mit Leinenjute überzogenen Karton.

Anchor Sticktwist von Coats Mez

- *1 Strang steingrau (391)*
- *1 Strang ecru (275)*
- *1 Strang hellgrün (844)*
- *1 Strang braungrau (1041)*
- *1 Strang braun (359)*
- *1 Strang kupferrot (1004)*
- *1 Strang schokoladebraun (352)*
- *1 Strang grün (267)*

Pillendöschen mit Pilzmotiv

Sie können dieses kleine Pilzmotiv für eine Bordüre um ein Sticktuch verwenden oder es als einzelnes Motiv in den Deckel eines Döschens einlassen. Auf einen größermaschigen Stoff gestickt, könnte es einen Beutel zum Aufbewahren von getrockneten Pilzen verschönen.

Endmaße der Stickerei:
2,5 x 2,5 cm

Material

1 Stück ecrufarbenes Leinen (128 Fäden/10 cm), 10 x 10 cm
Sticknadel Nr. 24
1 Pillendöschen aus dem Hobbyladen

Anchor Sticktwist

- *1 Strang braunrosa (870)*
- *1 Strang gelb (303)*
- *1 Strang grün (267)*
- *1 Strang dunkelbraunrosa (871)*

Anleitung

Markieren Sie im Zählmuster und auf dem Stramin die Mitte. Von dort beginnen Sie mit 2 Fäden (Baumwolle) in der Nadel in Kreuzstich zu sticken. Die fertige Stickerei montieren Sie in den Deckel des Döschens.

Wicken

Ein reizender Rahmen für ein reizendes Foto. Wenn Sie sich selbst am schönsten finden, können Sie in den Rahmen auch einen Spiegel setzen. Oder Sie verwenden das Motiv für die Hülle eines Tagebuchs und sticken die Jahreszahl in die Mitte.

Endmaße der Stickerei:
12,7 x 11,4 cm

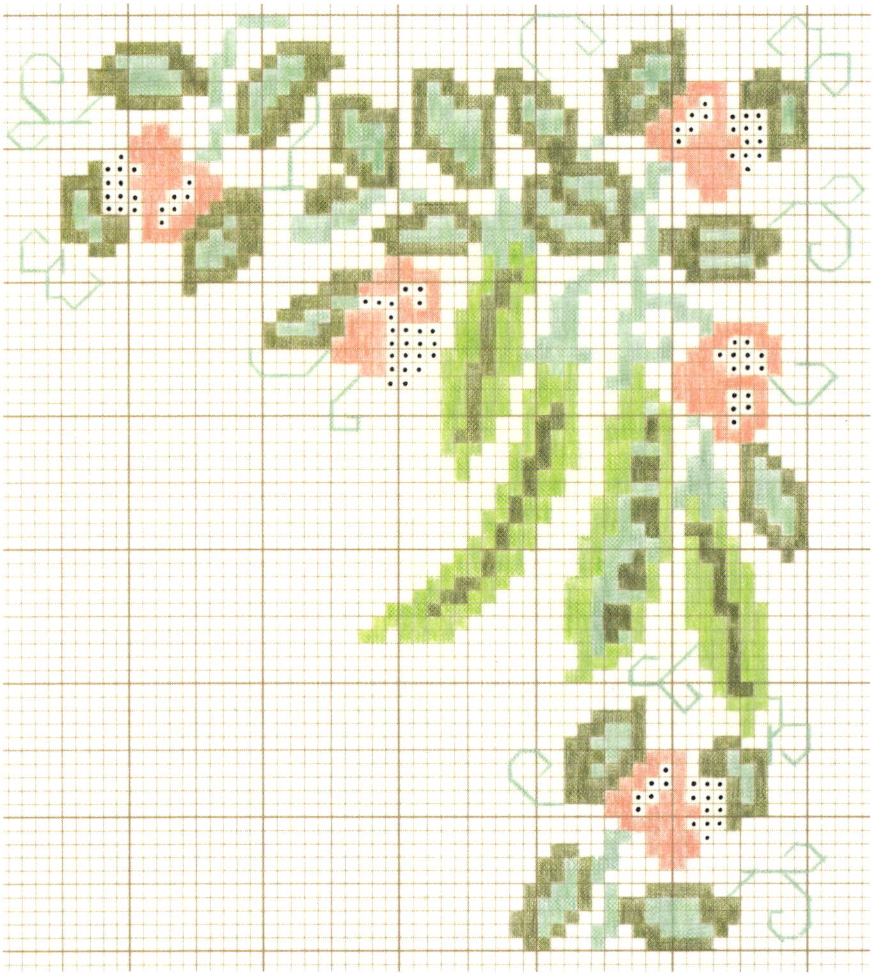

Material

1 Stück elfenbeinfarbener Stramin, 26,6 x 26,6 cm
Sticknadel Nr. 24
2 Stücke säurefreier Karton, jeweils 21 x 19 cm
1 Stück Polyester-Wattierung, 21 x 19 cm
Gummilösung
Schneidemesser oder Cutter
selbstklebender Bilderhaken

Anchor Sticktwist von Coats Mez

1 Strang hellgrün (264)
1 Strang dunkelgrün (267)
1 Strang hellgrün (255)
1 Strang pfirsich (881)
• *1 Strang weiß (2)*

Anleitung

Markieren Sie im Zählmuster und auf dem Stramin die Mitte. Von dort beginnen Sie mit 2 Fäden (Baumwolle) in der Nadel, über zwei Fäden des Stramins hinweg zu sticken. Rückstiche mit einem Faden in Hellgrün arbeiten. Kleben Sie die Polyester-Wattierung auf ein Stück Karton. Nach dem Trocknen schneiden Sie in der Mitte dieses Kartons eine Öffnung für das Foto. Spannen sie die fertige Stickerei über den wattierten Karton. Kanten auf der Rückseite des Kartons festkleben. Schneiden Sie den Stramin über der Öffnung kreuzweise ein. Ziehen Sie den Stoff durch den Ausschnitt nach hinten, spannen Sie ihn, schneiden Sie überschüssigen Stoff weg. Kanten festkleben. Tupfen Sie Kleber entlang Unterkante und Seiten des zweiten Kartons auf. Kleben Sie diesen auf die Rückseite des ersten Kartons. Nach dem Trocknen schieben Sie das Foto von oben in die Öffnung. Selbstklebenden Haken auf Rückseite anbringen.

DER GARTENTEICH

Ein Teich ist der Lebensraum verschiedenster Tierarten. Mein Gartenteich, den ich zum Entwässern einer feuchten Wiese ausheben ließ, hat mir schon viel Freude gemacht. Bereits einen Monat nach seiner Fertigstellung hatte ich eine Menge neuer Nachbarn. Teichjungfern, Reiher und Wassermolche ließen es sich in ihrer neuen Heimat wohl ergehen. Meine neuen Freunde haben mich zu den folgenden Arbeiten inspiriert. Ich hoffe, daß Sie meine Vorschläge zu vielen weiteren Ideen anregen werden.

Franz Schubert D 438
dim.
Edition Breitkopf Nr. 7443
© 1980 by VEB Breitkopf & Härtel Musikverlag, Leipzig
und Breitkopf & Härtel, Wiesbaden

Mappe mit Reiher und Wasserlilien

Eines Morgens sah ich einen Reiher, der, ein Bein angezogen, mitten in London auf dem Dach eines Hauses stand. Mit glänzenden Augen starrte er auf einen winzigen Teich in einem Hinterhof unter sich. Er stand da wie eine Statue aus Stein, doch plötzlich stieß er nieder – und dann gab's Goldfisch zum Frühstück.

Endmaße der Stickerei:
16,5 x 19 cm

Material

1 Stück roséfarbener Stramin (112 Fäden/10 cm), 35,5 x 35,5 cm
Sticknadel Nr. 24
3 Stücke blaugrüner Satinstoff, jeweils 35,5 x 35,5 cm
1 Stück blaugrüner Satinstoff, 33 x 7,6 cm
1 Stück Polyester-Wattierung, 25,4 x 28 cm
2 Stücke säurefreier Karton, jeweils 25,4 x 28 cm
2 Stücke dünner, säurefreier Karton, jeweils 24,7 x 27,3 cm
Gummilösung
45,7 cm schmales Band
1 Holzperle

Anchor Sticktwist von Coats Mez

• *1 Strang weiß (2)*	*1 Strang grün (266)*
1 Strang gelb (301)	*1 Strang hellpfirsich (1010)*
1 Strang kupferrot (1003)	*1 Strang grün (267)*
1 Strang schwarz (403)	*1 Strang dunkelgrün (846)*
1 Strang rötlichgrau (233)	*1 Strang hellgrün (206)*
1 Strang braungrau (1041)	

Anleitung

Markieren Sie im Zählmuster und auf dem Stramin die Mitte. Von dort beginnen Sie mit 2 Fäden über zwei Fäden des Stramins zu sticken. Kleben Sie die Polyester-Wattierung auf den kräftigen Karton. Nach dem Trocknen spannen Sie die fertige Stickerei mittig darüber. Kanten auf Rückseite festkleben. Sie

haben nun die Vorderseite Ihrer Mappe. Bespannen Sie das zweite Stück kräftigen Karton mit einem quadratischen Satinstück. Lassen Sie an der linken Kante 5 cm Stoff für den Rücken der Mappe überstehen. Bespannen Sie die beiden dünnen Kartonstücke mit den übrigen quadratischen Satinstücken. Stoffkanten auf der Rückseite festkleben. Sie haben nun die Innenseiten der Mappe. Legen Sie nun die Umschlag- und Rückseite der Mappe mit der Vorderseite nach unten nebeneinander. 2,5 cm des überstehenden Stoffes auf die danebenliegende Kante der Umschlagseite kleben. Das kleine Stück Satin auf den Rücken kleben. Falten Sie den Stoff um, und verkleben Sie sorgfältig Ober- und Unterkante. Zuletzt kleben sie die satinbezogenen Innenseiten auf die Umschlag- und Rückseite, so daß die geklebten Kanten verdeckt werden. Nach dem Trocknen kleben Sie ein Ende des Bandes in die obere Mitte des Rückens, fädeln die Holzperle durch das untere Ende des Bandes und verknoten es. So erhalten Sie ein Lesezeichen zu Ihrer Mappe.

Grashüpferdöschen

Kleine Motive lassen sich im Handumdrehen sticken und können zu attraktiven Präsenten verarbeitet werden. Ich finde diese Döschen aus dem Hobby-Fachhandel einfach reizend. Es gibt sie in allen möglichen Farben und Formen. Sicher wird auch für Sie das erste Döschen der Anfang einer Sammelleidenschaft sein!

Endmaße der Stickerei:
2,9 x 2,9 cm

Material

1 Stück Naturleinen (128 Fäden/10 cm), 10 x 10 cm
Sticknadel Nr. 24
1 Döschen aus dem Hobby-Fachhandel

Anleitung

Markieren Sie im Zählmuster und auf dem Leinen die Mitte. Von dort beginnen Sie mit 2 Fäden (Baumwolle) in der Nadel in Kreuzstich zu sticken, außer wenn Sie mit Grün arbeiten. Dann nehmen Sie 1 Faden Sticktwist und 1 Faden Reflecta-Garn. Arbeiten Sie über zwei Fäden des Leinens. Die fertige Stickerei legen Sie, der Anleitung des Herstellers entsprechend, in den Deckel des Döschens ein.

Anchor Sticktwist von Coats Mez

1 Strang grün (256) und 1 Spule Reflecta (313)
1 Strang altgold (890)
1 Strang schwarz (403)
1 Strang rot (46)
1 Strang gelb (303)

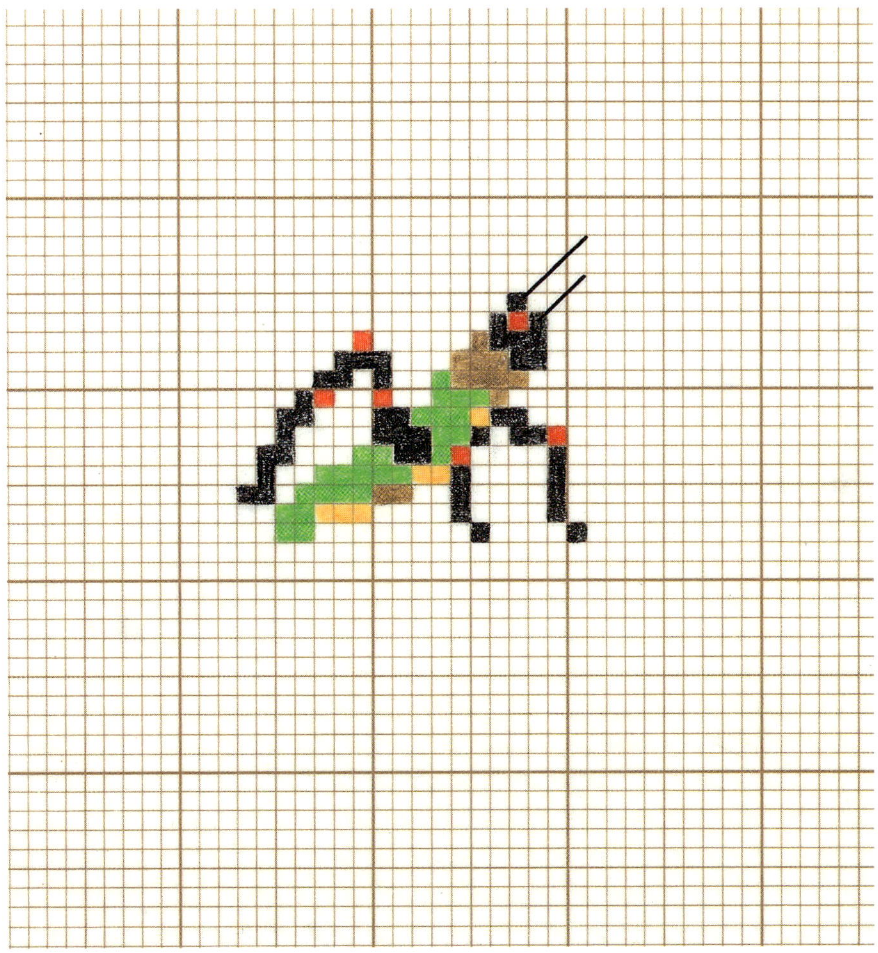

Seejungferndöschen

Dieses hübsche Geschöpf aus der Familie der Libellen ist ein zauberhafter Anblick. Verzieren Sie damit ein Döschen, oder stellen Sie ein Sticktuch zusammen, auf dem Ihre kleinen Freunde vereint sind.

Endmaße der Stickerei:
2,9 x 2,9 cm

Material

1 Stück Naturleinen (128 Fäden/10 cm), 10 x 10 cm
Sticknadel Nr. 24
1 Döschen aus dem Hobby-Fachhandel

Anchor Sticktwist

- *1 Strang rot (59)*
- *1 Strang grün (267)*
- *1 Strang braunrosa (870) plus 1 Spule Reflecta (301)*
- *1 Strang schwarz (403) plus 1 Spule Reflecta (301)*
- *1 Strang gelb (303)*
- *gerade Stiche in Schwarz (403)*

Anleitung

Markieren Sie im Zählmuster und auf dem Leinen die Mitte. Von dort beginnen Sie mit 2 Fäden (Baumwolle) in der Nadel zu sticken, außer wenn Sie mit Braunrosa und Schwarz arbeiten. Dann nehmen Sie 1 Faden Sticktwist und 1 Faden Reflecta-Garn. Arbeiten sie über zwei Fäden des Leinens. Die fertige Stickerei gemäß Herstellerangaben in den Deckel des Döschens einlegen.

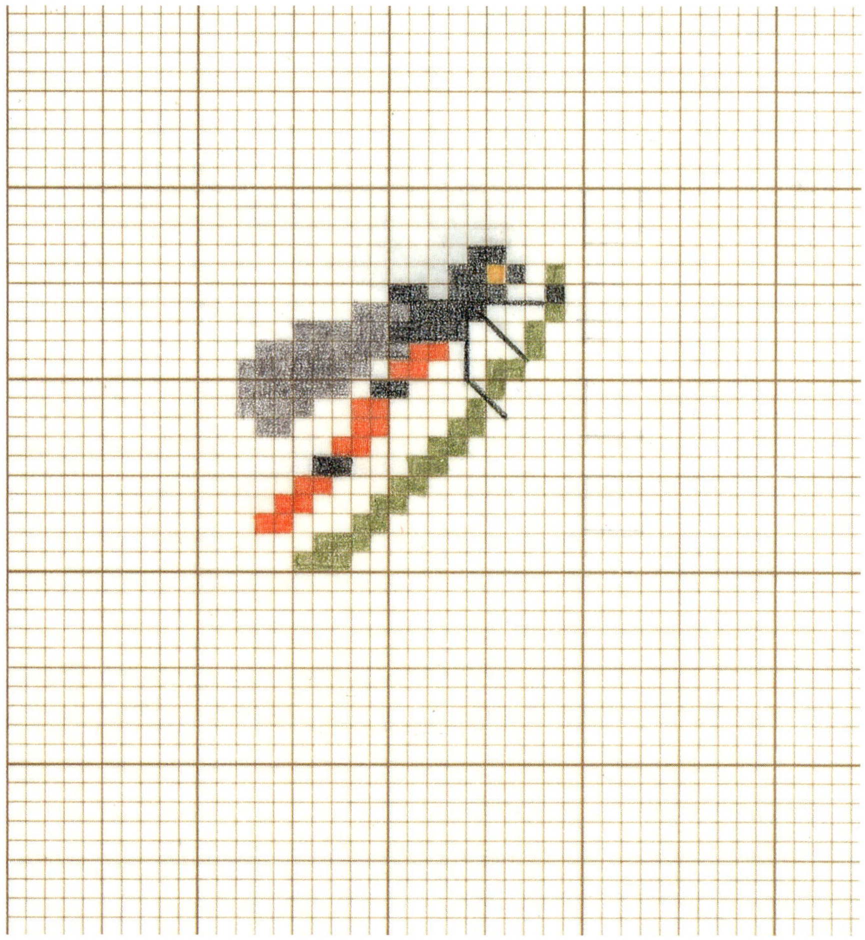

Marienkäferdöschen

Der Marienkäfer ist ein echter Freund des Gärtners, denn er ernährt sich von allen möglichen Schädlingen. Auch ist er wegen seines Aussehens bei Kindern und Erwachsenen gleichermaßen beliebt. Ich habe dieses Motiv in meine Döschensammlung aufgenommen, aber auch in anderen Projekten scheint sich das kleine Kerlchen durchaus wohl zu fühlen.

Endmaße der Stickerei:
2,2 x 2,2 cm

Material

1 Stück Naturleinen (128 Fäden/10 cm), 10 x 10 cm
Sticknadel Nr. 24
1 Döschen aus dem Hobby-Fachhandel

Anleitung

Markieren Sie im Zählmuster und auf dem Leinen die Mitte. Von dort mit 2 Fäden über zwei Fäden des Leinens arbeiten. Die fertige Stickerei gemäß Herstellerangaben in den Deckel des Döschens einlegen.

Anchor Sticktwist

- *1 Strang rot (46)*
- *1 Strang schwarz (403)*
- *gerade Stiche in Schwarz (403)*

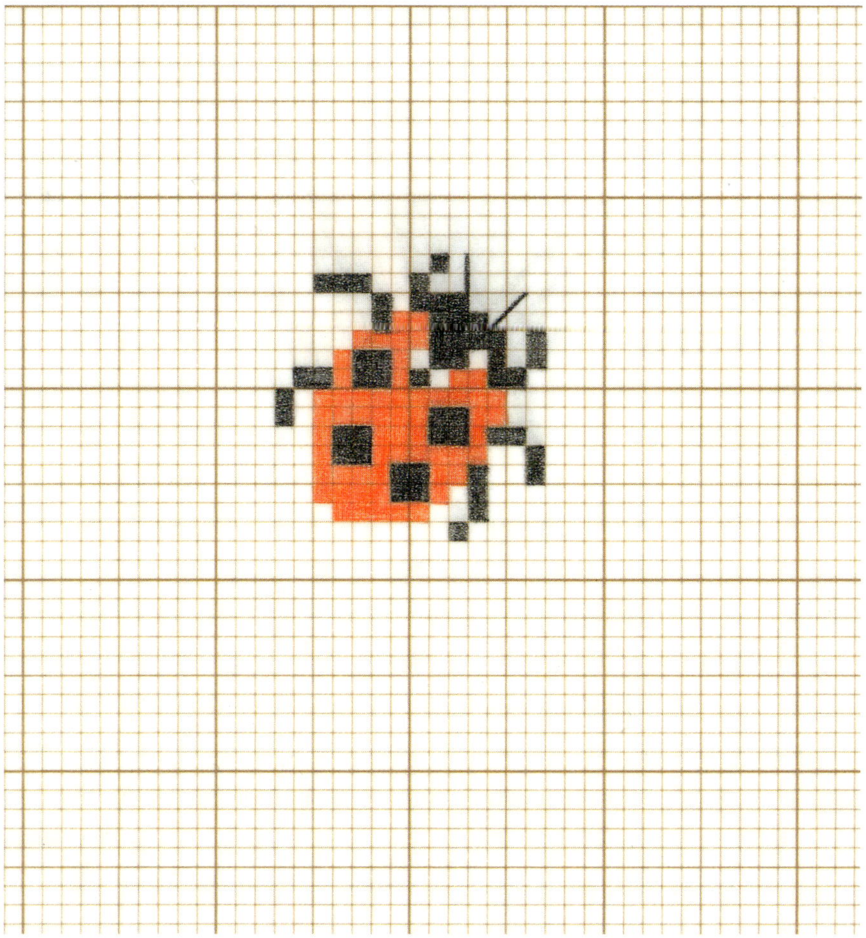

Schlüsselkästchen mit Goldfischmotiv

Sie können alle möglichen Gegenstände mit Kreuzstickereien verschönern. Dieses Schlüsselkästchen ist dafür ein Beispiel. Sie spannen die Stickerei über einen Karton und kleben diesen in die Türfüllung. Sie können auch größere Türfüllungen auf diese Weise attraktiver gestalten, beispielsweise an Kleiderschränken oder Nachtkästchen.

Endmaße der Stickerei:
14,7 x 8,8 cm

Material

1 Stück cremefarbener Aidastoff (72 Fäden/10 cm), 25,4 x 20,3 cm oder ringsherum 10 cm größer als das Motiv selbst
Sticknadel Nr. 25
1 kleines Holzkästchen
1 Stück säurefreier Karton, 14,7 x 8,8 cm oder in der Größe der Türfüllung
Gummilösung

Anchor Sticktwist

- *1 Strang goldfarben (304)*
- *1 Strang gelb (303)*
- *1 Strang grün (266)*
- *1 Strang blau (130)*
- *1 Strang rötlichgrau (233) und 1 Spule Reflecta (301)*
- *1 Strang rötlichgrau (233)*

Anleitung

Markieren Sie im Zählmuster und auf dem Aidastoff die Mitte. Von dort beginnen Sie mit 2 Fäden in der Nadel zu sticken. Wenn Sie mit Grau arbeiten, nehmen Sie einen Faden Sticktwist und einen Faden Reflecta. Spannen Sie die Stickerei so über den Karton, daß das Motiv in der Mitte sitzt. Verkleben Sie die Stoffkanten auf der Rückseite des Kartons. Kleben Sie die Stickerei vorne auf das Kästchen oder in die Türfüllung.

Frosch im Spiegel

Der freundliche Frosch soll Sie schon in aller Frühe fröhlich stimmen. Ich habe ihn auf einen sehr feinmaschigen Stramin gestickt, Sie können aber auch einen gröberen Stoff (beispielsweise Aida mit 56 Fäden/10 cm) für diese Arbeit verwenden.

Endmaße der Stickerei:
13,4 x 26 cm

Material

1 Stück rosafarbener Stramin (112 Fäden/10 cm), 36,8 x 39,4 cm
Sticknadel Nr. 24
2 Stücke mittelstarker, säurefreier Karton, jeweils 29,2 x 31,7 cm
1 Stück Polyester-Wattierung, 29,2 x 31,7 cm
1 runder Spiegel, Durchmesser: 12,7 cm
61 cm Paspel
Gummilösung
Nähseide passend zur Paspel
Nähnadel

Anchor Sticktwist von Coats Mez

1 Strang ecru (275)
1 Strang schwarz (403)
1 Strang braungrau (393)
1 Strang dunkeloliv (277)
1 Strang ziegelrot (896)
1 Strang gelb (302)
1 Strang altrosa (1027)
1 Strang grün (267)
1 Strang grün (266)
1 Strang beige (392)
1 Strang braun (359)

Anleitung
Vom unteren linken Rand des Zählmusters ausgehend, machen Sie, in einer Höhe von 6,3 cm vom unteren Stoffrand und 5 cm von der linken Kante eingerückt, den ersten Stich. Sticken Sie in Kreuzstich mit 2 Fäden (Baumwolle) in der Nadel über zwei Fäden des Stramins. Versäubern Sie sorgfältig alle Fäden. Kleben Sie die Polyester-Wattierung auf ein Kartonstück. Spannen Sie die fertige Stickerei über den Karton. Achten sie dabei darauf, daß das Motiv genau in der Mitte sitzt. Verkleben Sie die Stoffkanten auf der Rückseite des Kartons. Schneiden Sie ein kleines Stück von der Paspel ab, machen Sie daraus eine Schlaufe, und kleben Sie diese auf der Rückseite des Kartons am oberen Rand mittig fest. Kleben Sie das zweite Stück Karton gegen die Rückseite des ersten, wobei die Schlaufe frei bleibt. Kleben Sie den Spiegel, 2,5 cm von der oberen linken Kante entfernt, auf die Vorderseite. Kleben Sie die Paspel sorgfältig um den Spiegel, und vernähen Sie, falls erforderlich, die Enden.

Springbrunnen

Der Amor, der mich zu diesem Motiv inspirierte, steht in meinem Badezimmer, wo er mit Papiertüchern aufwartet. Sicher würde er besser in einen großen Garten passen, umrieselt von Wasser. Ich hoffe nur, daß ihm die neue Rolle als Bildmotiv wieder etwas von seiner Würde zurückgibt, die ihm in meinem Badezimmer abhanden gekommen ist. Ich habe für dieses Motiv Reflecta-Garn verwendet, mit dem Kreuzsticharbeiten ganz neue Dimensionen erhalten.

Endmaße der Stickerei:
17,8 x 17,8 cm

Material

1 Stück pfirsichfarbener Aidastoff (56 Fäden/10 cm), 28 x 28 cm
Sticknadel Nr. 22
passender Rahmen

Anchor Sticktwist

- *1 Strang hellgrau (234)*
- *1 Strang grün (267)*
- *1 Strang violett (98)*
- *1 Strang blau (176)*
- *1 Strang pink (54)*
- *1 Strang gelb (303)*
- *1 Strang rot (334)*
- *1 Strang grün (266)*
- *1 Strang weiß (2)*
- *1 Strang mintgrün (206) und 1 Spule Reflecta (312)*
- *1 Strang dunkelgrau (235)*
- *1 Spule Reflecta (301)*
- *1 Strang dunkelgrün (217)*

Anleitung

Markieren Sie im Zählmuster und auf dem Aidastoff die Mitte. Von dort beginnen Sie mit 3 Fäden (Baumwolle) in der Nadel in Kreuzstich zu sticken. Wenn Sie mit Mintgrün arbeiten, nehmen Sie 1 Faden Sticktwist und 3 Fäden Reflecta-Garn. Die Wassertropfen arbeiten Sie in geraden Stichen mit 2 Fäden Reflecta (301). Rahmen Sie die fertige Stickerei nach Belieben.

DIE TIERWELT IM GARTEN

Vögel und andere Tiere waren schon immer beliebte Stickmotive, da man sie in so verschiedener Weise ausarbeiten kann. In diesem Kapitel finden Sie ein einfaches Singdrosselmotiv auf einer spitzenbesetzten Serviette und auf der Tasche einer Gartenschürze ein Eichhörnchen, das seine herbstlichen Vorräte hortet. Verewigen Sie Ihre Lieblingstiere in Stickbildern, die Sie an die Wand hängen, oder mit denen Sie Dosen zum Aufbewahren von Bleistiften und Markern für Samenpäckchen beziehen. Ich hoffe, meine Vorschläge machen Ihnen viel Spaß.

Singdrosseln

Dieses Drosselpärchen habe ich auf die Hälfte einer spitzenbesetzten Serviette gestickt, die Serviette dann gefaltet, zwei Seiten zusammengenäht, eine Wattierung eingelegt und auch die dritte Seite vernäht. Wenn Sie einen Duftbeutel mit einnähen oder ätherisches Öl auf die Wattierung tropfen, haben Sie ein Duftkissen, das Ihren Schlaf versüßt.

Endmaße der Stickerei:
13 x 13 cm

Material

1 Stück weißer Aidastoff (56 Fäden/10 cm), 20,3 x 20,3 cm
Sticknadel Nr. 22
1 spitzenbesetzte Serviette, 35,5 x 35,5 cm
1 Stück Polyester-Wattierung, 71,1 x 17,8 cm
90 cm schmales blaues Satinband
4 kleine Satinschleifen
Nähseide, passend zum Aidastoff
Nähnadel
Gummilösung oder zum Satinband passende Nähseide

Anchor Sticktwist

- *1 Strang blau (176)*
- *1 Strang blau (941)*
- *1 Strang hellblau (144)*
- *1 Strang ziegelrot (896)*
- *1 Strang tiefrosa (28)*
- *1 Strang hellgrün (266)*
- *1 Strang gelb (305)*

Anleitung
Markieren Sie im Zählmuster und auf dem Aidastoff die Mitte. Von dort beginnen Sie mit 3 Fäden (Baumwolle) in der Nadel in Kreuzstich zu sticken. Wenn die Stickerei fertig ist, falten Sie die Serviette in der Mitte und legen den Aidastoff mit der Stickerei mittig auf die eine Hälfte. Falten Sie die ungesäumten Kanten des Aidastoffes nach hinten um, und nähen Sie das Stoffstück mit der Stickerei sorgfältig auf die Serviette. Nähen oder kleben Sie das Band um das aufgenähte Stoffstück, ebenso die Schleifchen auf die vier Ecken.

Vernähen Sie zwei Seiten der Serviette. Wickeln Sie die Wattierung zur Rolle, und stecken Sie diese in die Serviette. Zuletzt nähen Sie die dritte Seite der Serviette sorgfältig zu.

Briefbeschwerer mit Blaumeise

Dieses Vögelchen sorgt dafür, daß Ihre Papiere nicht davonfliegen, wenn Sie das Fenster öffnen. Die Blaumeise sitzt in einem ovalen Briefbeschwerer, den Sie in verschiedenen Formen und Größen im Hobby-Fachhandel bekommen.

Endmaße der Stickerei:
4,7 x 7,6 cm

Material

1 Stück cremefarbener Aidastoff (72 Fäden/10 cm), 10 x 15,2 cm
Sticknadel Nr. 25
1 ovaler Briefbeschwerer

Anleitung

Markieren Sie im Zählmuster und auf dem Aidastoff die Mitte. Von dort beginnen Sie mit 3 Fäden (Baumwolle) in der Nadel in Kreuzstich zu sticken. Die fertige Stickerei setzen Sie, der Anleitung des Herstellers entsprechend, in den Briefbeschwerer ein.

Anchor Sticktwist

- *1 Strang weiß (2)*
- *1 Strang schwarz (403)*
- *1 Strang braun (359)*
- *1 Strang braungrau (1041)*
- *1 Strang grün (267)*
- *1 Strang türkis (168)*
- *1 Strang grün (266)*
- *1 Strang gelb (290)*

Serviette mit Rotkehlchen

Dieses Rotkehlchen wirkt sehr hübsch auf einer spitzenbesetzten Serviette. Verwenden Sie das Motiv für eine Glückwunschkarte, oder sticken Sie es auf Aidastoff, den Sie dann auf einen rotkarierten Kalikobeutel zur Aufbewahrung von Nüssen oder Vogelfutter nähen.

Endmaße der Stickerei:
7,5 x 7,5 cm

Material

1 Stück Stramin
(56 Fäden/10 cm), 10 x 10 cm
Nadel für Stickwolle Nr. 8
1 spitzenbesetzte Serviette, 35,5 x 35,5 cm
Heftfaden
Nähnadel
Pinzette

Anchor Sticktwist von Coats Mez

- *1 Strang strohgelb (891)*
- *1 Strang korallenrot (35)*
- *1 Strang schwarz (403)*
- *1 Strang steingrau (391)*
- *1 Strang dunkeloliv (277)*
- *1 Strang braungrau (903)*
- *1 Strang braun (360)*
- • *1 Strang weiß (2)*

Anleitung

Heften Sie das Straminstück diagonal in die untere rechte Ecke der Serviette. Markieren Sie im Zählmuster und auf dem Stramin die Mitte. Von dort beginnen Sie mit 2 Fäden (Baumwolle) in der Nadel in Kreuzstich zu sticken. Wenn die Stickerei fertig ist, entfernen Sie vorsichtig die Heftfäden und ziehen mit der Pinzette die Straminfäden unter der Stickerei heraus.

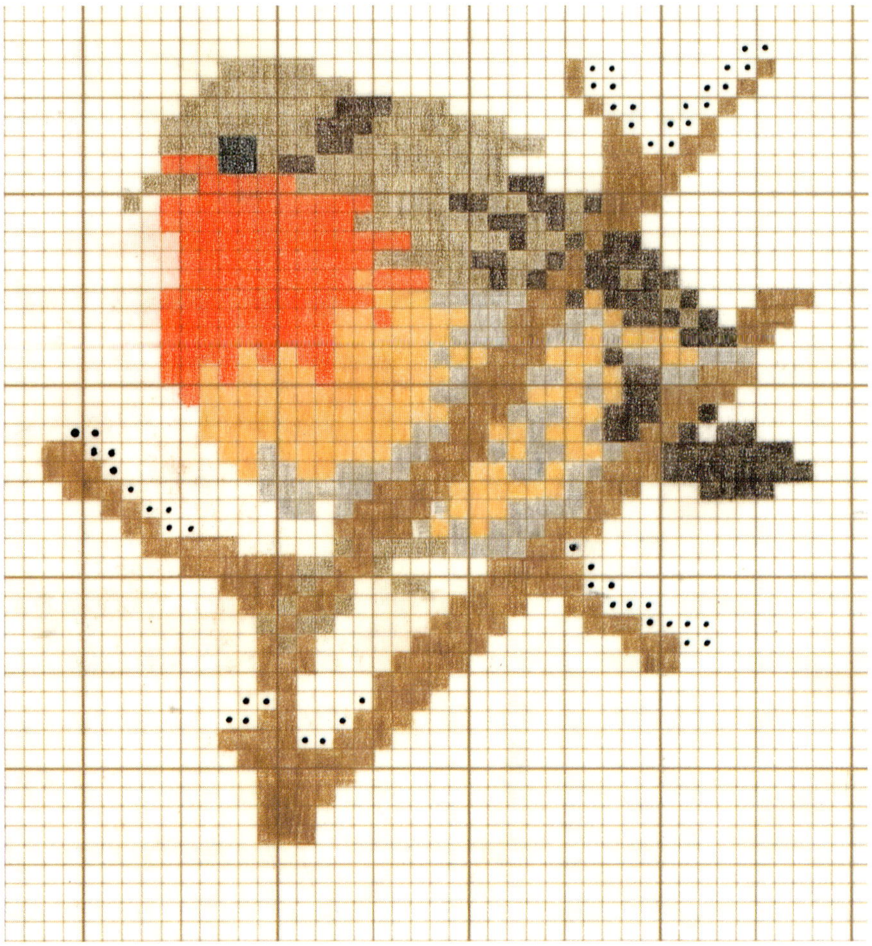

Serviette mit Drossel

Sie könnten die Serviette mit dem Rotkehlchen für den Winter und diese hier für den Frühling verwenden. Die wahren Vogelliebhaber unter Ihnen haben vielleicht Lust, alle Vogelmotive aus diesem Buch auf einem großen Sticktuch zu vereinen.

Endmaße der Stickerei:
6,7 x 10,7 cm

Material
1 Stück Stramin (56 Fäden/ 10 cm), 10 x 10 cm
Nadel für Stickwolle Nr. 8
1 spitzenbesetzte Serviette, 35,5 x 35,5 cm
Heftfaden
Nähnadel
Pinzette

Anleitung
Heften Sie das Straminstück in die untere rechte Ecke der Serviette. Markieren Sie im Zählmuster und auf dem Stramin die Mitte. Von dort beginnen Sie mit 2 Fäden (Baumwolle) in der Nadel in Kreuzstich zu sticken. Wenn die Stickerei fertig ist, entfernen Sie behutsam die Heftfäden und ziehen mit der Pinzette die Straminfäden unter der Stickerei heraus.

Anchor Sticktwist von Coats Mez

- *1 Strang braungrau (903)*
- *1 Strang kamelhaarfarben (1045)*
- *1 Strang hellorange (1002)*
- *1 Strang steinfarben (231)*
- *1 Strang hellbraun (358)*
- *1 Strang cremefarben (886)*
- *1 Strang orange (326)*

Schleiereule

Wenn Sie diese Stickerei einrahmen, haben Sie – zusammen mit den beiden anderen Bildern – ein Eulentrio. Sie können ein Passepartout fertig kaufen oder auch selbst eines mit Winkelmaß und Schneidemesser machen. Überziehen Sie es dann mit einem zu Ihrem Dekor passenden Stoff. Sie können die Bilder aber natürlich auch professionell rahmen lassen.

Endmaße der Stickerei:
etwa 7 x 8,9 cm

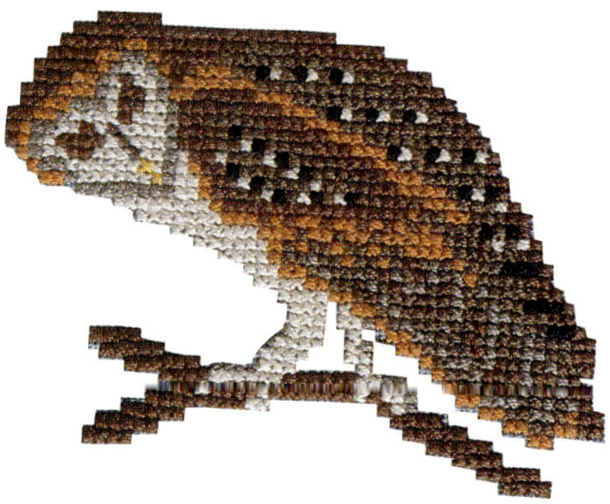

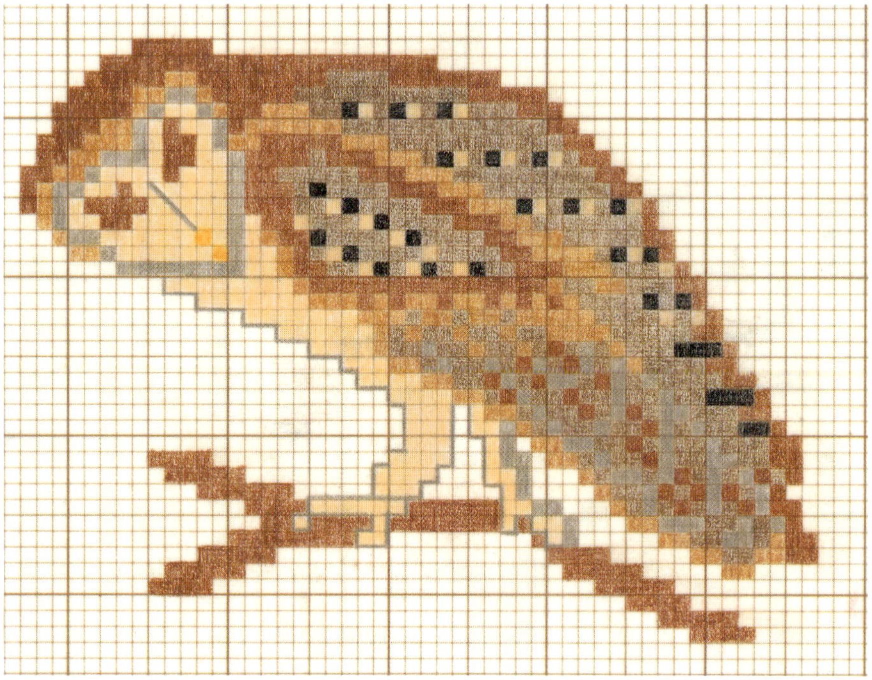

Material

1 Stück hellblauer Stramin (112 Faden/10 cm), 26,6 x 33 cm
Sticknadel Nr. 24
2 Stücke säurefreier Karton zum Beziehen, jeweils 21,6 x 21,6 cm
1 Stück Polyester-Wattierung, 15,2 x 21,6 cm
1 Stück Juteleinen, 28 x 33 cm
Gummilösung
1 Silbermarker
1 Bleistift

Anchor Nordin

1 Strang dunkelbraun (360)
1 Strang grau (232)
1 Strang ecru (926)
1 Strang altgold (307)
1 Strang braun (393)
1 Strang schwarz (403)
1 Strang gelb (298)
Rückstiche in Grau (232)

Anleitung
Markieren Sie im Zählmuster und auf dem Stramin die Mitte. Von dort beginnen Sie mit 2 Fäden Nordingarn in der Nadel über zwei Fäden des Stramins in Kreuzstich zu sticken.

Wenn die Stickerei fertig ist, schneiden Sie aus einem Stück Karton ein Mittelstück aus, so daß ein 3,2 cm breiter Rahmen entsteht. Schneiden Sie die Polyester-Wattierung in 3,2 cm breite Streifen und kleben Sie diese auf den Kartonrahmen. Nach dem Trocknen spannen Sie das Juteleinen sorgfältig über den bezogenen Karton und kleben die ungesäumten Stoffkanten auf die Rückseite des Kartons. Schneiden Sie das Juteleinen über der Mittelöffnung bis auf einen 18 mm breiten Rand aus. Machen Sie an den Ecken diagonale Einschnitte, und kleben Sie den Stoffrand auf die Rückseite des Rahmens.

Spannen Sie die fertige Stickerei über den zweiten Karton, und kleben Sie die ungesäumten Stoffkanten auf der Rückseite fest. Nach dem Trocknen kleben Sie den Rahmen auf den mit der Stickerei bespannten Karton. Trocknen lassen. Nun zeichnen Sie mit dem Bleistift den Umriß eines Mondes in die obere rechte Ecke des Bildes, ziehen ihn mit dem Silbermarker nach und malen den ganzen Mond mit dem Silbermarker aus.

Ohreule

Der nächste in unserem Eulentrio ist dieser langohrige Zeitgenosse. Ein stattlicher Anblick, nicht wahr? Ich könnte mir dieses Motiv auch gut für einen Bucheinband vorstellen – vielleicht zu einem Vogelbuch.

Endmaße der Stickerei:
12,7 x 5 cm

Material
1 Stück hellblauer Stramin (112 Fäden/10 cm), 35 x 28,5 cm
Sticknadel Nr. 24
2 Stücke säurefreier Karton zum Beziehen, jeweils 29,9 x 23,5 cm
1 Stück Polyester-Wattierung, 29,9 x 15,2 cm
1 Stück Juteleinen, 33 x 28 cm
Gummilösung
1 Silbermarker
1 Bleistift

Anchor Nordin von Coats Mez

1 Strang hellbraun (358)
1 Strang rostbraun (324)
1 Strang braun (360)
1 Strang ecru (926)
1 Strang beige (373)
1 Strang dunkelbraun (381)

Anleitung
Markieren Sie im Zählmuster und auf dem Stramin die Mitte. Von dort beginnen Sie mit 2 Fäden Nordingarn in der Nadel über zwei Fäden des Stramins in Kreuzstich zu sticken.

Wenn die Stickerei fertig ist, schneiden Sie aus einem Stück Karton ein Mittelstück aus, so daß ein 3,2 cm breiter Rahmen entsteht. Schneiden Sie die Polyester-Wattierung in 3,2 cm breite Streifen und kleben Sie diese auf den Kartonrahmen. Nach dem Trocknen spannen Sie das Juteleinen sorgfältig über den bezogenen Karton und kleben die ungesäumten Stoffkanten auf die Rückseite des Kartons. Schneiden Sie das Juteleinen über der Mittelöffnung bis auf einen 18 mm breiten Rand aus. Machen Sie an den Ecken diagonale Einschnitte, und kleben Sie den Stoffrand auf die Rückseite des Rahmens.

Spannen Sie die fertige Sticke-

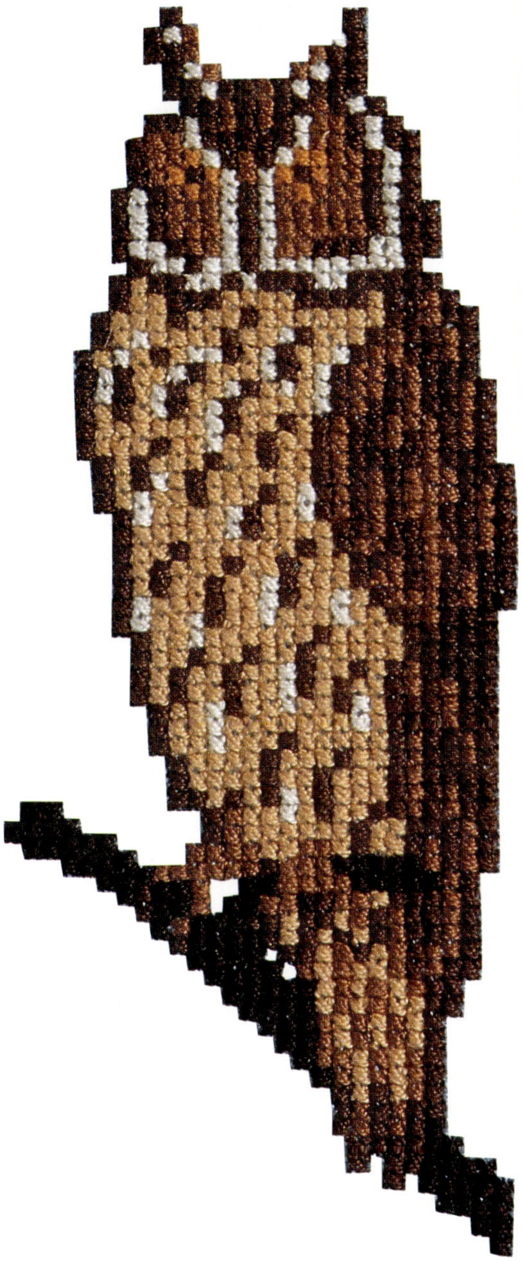

rei über den zweiten Karton, und kleben Sie die ungesäumten Stoffkanten auf der Rückseite fest. Nach dem Trocknen kleben Sie den Rahmen auf den mit der Stickerei bespannten Karton. Trocknen lassen. Nun zeichnen Sie mit dem Bleistift den Umriß eines Mondes in die obere rechte Ecke des Bildes, ziehen ihn mit dem Silbermarker nach und malen den ganzen Mond mit dem Silbermarker aus.

Schnee-Eule

Sie können auch diese dritte Eule für das Trio rahmen, oder Sie bringen sie auf einem Garderobenbrett mit Kleiderhaken an. Oder wie wäre sie als Dekoration auf einer Schachtel? Ganz gleich, wo diese Eule auch sitzt, sie wird Ihre Schätze sicher behüten.

Endmaße der Stickerei:
12,7 x 8,2 cm

Material

1 Stück hellblauer Stramin (112 Fäden/10 cm), 35 x 28,5 cm
Sticknadel Nr. 24
2 Stücke säurefreier Karton zum Beziehen, jeweils 29,9 x 23,5 cm
1 Stück Polyester-Wattierung, 29,9 x 15,2 cm
1 Stück Juteleinen, 33 x 28 cm
Gummilösung
1 Silbermarker
1 Bleistift

Anleitung

Markieren Sie im Zählmuster und auf dem Stramin die Mitte. Von dort beginnen Sie mit 2 Fäden Nordingarn in der Nadel über zwei Fäden des Stramins in Kreuzstich zu sticken.

Wenn die Stickerei fertig ist, schneiden Sie aus einem Stück

Karton ein Mittelstück aus, so daß ein 3,2 cm breiter Rahmen entsteht. Schneiden Sie die Polyester-Wattierung in 3,2 cm breite Streifen und kleben Sie diese auf den Kartonrahmen. Nach dem Trocknen spannen Sie das Juteleinen sorgfältig über den bezogenen Karton und kleben die ungesäumten Stoffkanten auf die Rückseite des Kartons. Schneiden Sie das Juteleinen über der Mittelöffnung bis auf einen 18 mm breiten Rand aus. Machen Sie an den Ecken diagonale Einschnitte, und kleben Sie den Stoffrand auf die Rückseite des Rahmens. Spannen Sie die fertige Stickerei über den zweiten Karton, und kleben Sie die ungesäumten Stoffkanten auf der Rückseite fest. Nach dem Trocknen kleben Sie den Rahmen auf den mit der Stickerei bespannten Karton. Trocknen lassen. Nun zeichnen Sie mit dem Bleistift den Umriß einer Mondsichel in die obere rechte Ecke des Bildes, ziehen ihn mit dem Silbermarker nach und malen die ganze Sichel mit dem Silbermarker aus.

Anchor Nordin von Coats Mez

- *1 Strang beige (372)*
- *1 Strang ecru (926)*
- *1 Strang grau (393)*
- *1 Strang rostbraun (307)*
- *1 Strang braun (358)*

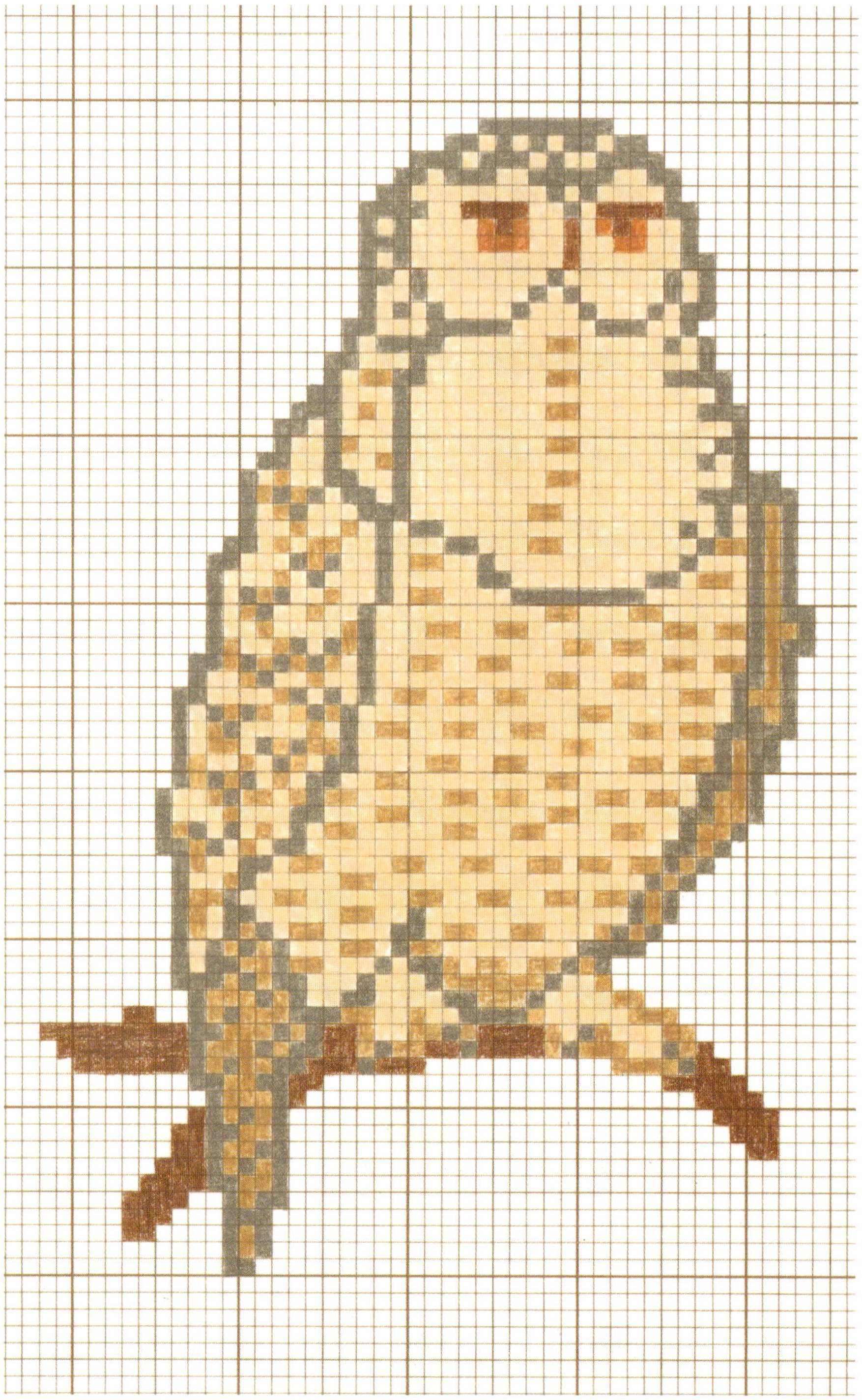

Eichhörnchen-Schürze

Fertige Gartenschürzen gibt es in Gartenzentren, Kaufhäusern und Haushaltsläden. Mit etwas Stramin und Phantasie können Sie eine solche Schürze dann ganz individuell gestalten, indem Sie Ihre Lieblingsblumen aufsticken oder vielleicht ein freundliches Eichhörnchen mit Nüssen, wie ich es hier gemacht habe.

Endgröße des Eichhörnchenmotivs:
15,2 x 15,2 cm

Endgröße des Haselnußmotivs:
3,4 x 3,4 cm

Material
1 Gartenschürze aus festem Stoff
Nadel für Stickwolle Nr. 8
1 Stück Stramin (56 Fäden/10 cm), 21,6 x 21,6 cm
6 Stücke Stramin (56 Fäden/10 cm), jeweils 5 x 5 cm
Heftfaden
Nähnadel
Pinzette

Anchor Sticktwist

- *1 Strang braungrau (1041)*
- *2 Stränge gelbbraun (883)*
- *1 Strang braungrau (903)*
- *1 Strang beige (361)*
- *1 Strang grün (266)*
- *1 Strang olivgrün (874)*
- *1 Strang braun (944)*
- *1 Strang ecru (275)*
- *1 Strang hellbeige (933)*

Anleitung

Heften Sie das große Stück Stramin in die Mitte des Schürzenlatzes, und verteilen Sie die kleineren Stücke beliebig auf der Schürzentasche. Markieren Sie in den Zählmustern und auf den Straminstücken jeweils die Mitte. Von dort beginnen Sie mit 2 Fäden (Baumwolle) in der Nadel in Kreuzstich zu sticken. Wenn die Stickereien fertig sind, entfernen Sie vorsichtig die Heftfäden und ziehen die Straminfäden unter den Stickereien mit der Pinzette heraus.

TECHNIKEN

Kreuzstickerei sollte ein entspannender und wohltuender Zeitvertreib sein, und so habe ich nicht die Absicht, Ihnen komplizierte Anleitungen zu präsentieren oder Sie mit brillanten Verarbeitungstechniken zu verblüffen. Es geht ganz einfach darum, eine sauber gearbeitete Stickerei fertigzustellen, die keine Unebenheiten und Fehler aufweist, und bei der alle obenliegenden Stiche in derselben Richtung verlaufen. Für die verschiedenen Projekte in diesem Buch habe ich meinen eigenen Weg beschrieben, die jeweiligen Accessoires fertigzustellen, aber natürlich können Sie auch nach Ihrer eigenen Methode arbeiten.

Kleine Stoffkunde
Als erstes müssen Sie entscheiden, welche Art von Stoff Sie besticken wollen. Dies richtet sich nach Größe und Zweck des bestickten Gegenstands, Schwierigkeitsgrad des Musters sowie dem gewählten Stickgarn. Ich habe einige der für Stickereien üblichen Stoffe aufgelistet, die alle in gutsortierten Handarbeitsgeschäften erhältlich sein dürften.

Spezielle Stramine
Verschiedene Stoffe werden speziell für Kreuzstickerei hergestellt und machen das Sticken erheblich einfacher, weil alle Löcher, in die Sie sticken, genau vorgegeben sind. Sie sind insbesondere für Anfänger hervorragend geeignet. Empfehlen würde ich in dieser Kategorie Aida oder Herta, zwei Markennamen für Korbgewebe, die in zahlreichen Fadendichten (Fäden pro 10 cm) erhältlich sind. Dadurch haben Sie die Möglichkeit, sowohl kräftige, auffällige Muster als auch zarte und komplizierte Entwürfe recht leicht zu bewältigen. Die gewählte Fadendichte bestimmt sowohl die Größe der fertigen Stickerei als auch die Dicke des Garns, das Sie verwenden können. Je niedriger die Fadendichte, desto weniger Stiche entstehen auf einer Breite von 10 cm. Herta wird hauptsächlich in Schulen verwendet, weil die Fadendichte bei etwa 24 Stichen/10 cm liegt; außerdem wird eine ansprechende Auswahl an kräftigen, freundlichen Farbtönen geboten. Aidastoffe gibt es in Dichten von 32 bis 72 Fäden/10 cm und in fein abgestuften Farbtönen.

Stramine
Gute Handarbeitsgeschäfte haben eine große Auswahl an Straminen vorrätig. Bei Straminen hat das Gewebe in vertikaler und horizontaler Richtung dieselbe Fadenzahl, was das Zählen der Löcher vereinfacht und damit die gleichbleibende Größe der Stiche gewährleistet. Auch hier wählen Sie den Stramin nach der Anzahl der Stiche pro 10 cm aus, die in diesem Fall davon abhängig ist, über wie viele Fäden die Kreuzstiche jeweils gearbeitet sind.

Zum Beispiel könnten Sie für feine Stickereien einen Stramin mit hoher Fadendichte verwenden und jeweils über nur einen oder zwei Fäden sticken, während Sie für kräftigere Muster einen gröberen Stoff wählen und dann die Größe der Stiche durch die Fadenanzahl pro Stich bestimmen. Im Buch ist für alle Stickereien die Anzahl der Fäden pro 10 cm angegeben. Legen Sie Ihr Lineal an einen vertikalen Straminfaden an, und zählen Sie, wie viele horizontale Fäden pro 10 cm vorliegen. Hardanger und Linda sind zwei Beispiele für hübsche Stramine, die in guten Handarbeitsgeschäften erhältlich sind.

Stickleinen
Sie haben hohe Fadendichten und sind daher für sehr feine Stickereien geeignet. Bedenken Sie jedoch vor dem Kauf, daß diese Stoffe teuer sind, und prüfen Sie kritisch Ihr Sehvermögen und die Ihnen zur Verfügung stehende Zeit. Wenn Sie Adleraugen haben und Ihnen endlos viel Zeit zur Verfügung steht, könnten Sie Kreuzstichminiaturen auf Seidengaze anfertigen. Diese ist bereits vorbereitet erhältlich, d.h. auf einen Kartonrahmen aufgezogen. Sticken müssen Sie aber wirklich mit einer Lupe: Essen Sie eine Menge Karotten, bevor Sie damit beginnen!

Plastik-Stickgrund
Besonders beliebt ist dieses Material für Kinder, da es geringe Stichdichten besitzt und für dreidimensionale Handarbeitsprojekte wie Schachteln und Spielzeug ideal geeignet ist. Zum Sticken sollten Sie statt Baumwollgarn eher Wolle oder Perlfaden verwenden und bedenken, daß der Stickgrund ausreichend bedeckt werden muß. Mit diesem Material zu arbeiten, macht Spaß und bringt rasch Ergebnisse.

Perforiertes Papier
Es ist ein traditioneller Stickgrund, der im viktorianischen England den Höhepunkt seiner Beliebtheit erreichte. Das Material kommt bei Stickerinnen wieder zunehmend in Mode und wird für Ausschneidemotive oder für Karten, Lesezeichen und Weihnachtsschmuck benutzt.

Grober Stramin
Dieser wird normalerweise eher mit Gobelin- als mit Kreuzstickerei in Verbindung gebracht, da er ein grobes, steifes Material ist. Die Standard-Gobelin-Stramine bestehen aus einem Gewebe mit einem oder zwei Fäden (einfädiger oder doppelfädiger Stramin). Beide Arten sind in unterschiedlichen Fadendichten verfügbar, und

von 40 Fäden/10 cm abwärts sollten Sie eher mit Stickwolle als mit Baumwollgarn arbeiten.

Spezielle Stick-Stoffe
Stramine und Stickleinen werden normalerweise nur als Meterware verkauft. Oft benötigt man aber nur ein kleines Stück, beispielsweise für eine Glückwunschkarte. Manche Geschäfte verkaufen daher Tüten mit Resten, die für solche Zwecke sehr günstig sein können.

Ihre Wahl
Jede Stoffabteilung verfügt über ein breites Sortiment an Herrlichkeiten, die sich für Stickereien anbieten. Meist sind diese Stoffe jedoch dicht gewebt und zum Zählen ungeeignet. Mit etwas Erfahrung wird es Ihnen gelingen, Baumwollstoffe mit regelmäßigen Mustern, wie z.B. Streifen oder Karos, oder Damaste auszuwählen. Daran können Sie dann die Lage und Richtung Ihrer Stiche sowie das Stickmuster orientieren. Verwenden Sie keinen Stretch oder gestrickten Stoff – Ihre Stickerei könnte sich zusammenziehen! Auch hier gilt wieder: Dicke und Gewicht der von Ihnen gewählten Stickgarne müssen Sie bei der Wahl des Stoffes berücksichtigen.

Nichts verschwenden
Mit Straminresten kann auf verschiedensten Materialien gestickt werden, eine herrliche Erfindung! Grundsätzlich wird hierfür eher locker gewebter Stramin in verschiedenen Dichten angeboten. Sie heften die Stücke auf den Stoff, den Sie besticken wollen, und damit verfügen Sie über ein Gitter, das Größe und Lage Ihrer Stiche genauso angibt wie ein Aidastoff. Dann wird wie gewohnt gestickt. Zum Schluß entfernen Sie die Heftstiche und ziehen die Fäden des Stramins mit Hilfe einer Pinzette unter der Stickerei heraus. Wenn Sie alle in vertikaler Richtung laufenden Fäden zuerst entfernen, fallen die horizontalen von selbst heraus. Sollten Sie Probleme haben, die Fäden herauszuziehen, feuchten Sie den Stoff etwas an.

Fädeln Sie ein
In Hinblick auf Qualität, Verfügbarkeit, Farben, Wertigkeit und Dauerhaftigkeit habe ich all meine Entwürfe mit Anchor-Stickgarnen ausgearbeitet, die es von Coats Mez in einer überwältigenden Vielzahl von Farben und Sorten gibt. Auch wenn ich die Farbnummern genau angegeben habe, wird es der Wirkung Ihrer fertigen Stickerei keinen Abbruch tun, wenn Sie in der Skala eine Nummer nach oben oder unten variieren. Sechssträngiges Spaltgarn (Sticktwist) ist sehr ergiebig – insbesondere, wenn Sie mit hohen Fadendichten arbeiten –, und so werden Sie bestimmt schon nach kurzer Zeit eine nützliche Kollektion halb verbrauchter Stränge haben, die in spätere Projekte integriert werden können.

Angesichts der großen Palette verfügbarer Garne wird Ihre Wahl erheblich zur Individualität Ihrer Stickerei beitragen. Im folgenden biete ich einen kleinen Ausschnitt aus dem Spektrum der Möglichkeiten und überlasse es Ihnen, zu experimentieren, um die unter-

DAS HANDWERKSZEUG

Wenn Sie zum ersten Mal Kreuzstickereien anfertigen, sollten Sie sich folgendes Arbeitsmaterial zulegen:

kleine Straminstücke und dichtgewebte Stoffreste (siehe „Kleine Stoffkunde")

verschiedene Garne

Nadeln für Stickwolle (mit großem Öhr und spitzem Ende)

Sticknadeln (mit großem Öhr und stumpfem Ende)

scharfe Schere

gröbere Straminstücke (siehe „Kleine Stoffkunde")

Stifte (normale und auswaschbare)

Transparentpapier

Maßband

verschiedene Stoffe für die Rückseite

Polyester-Wattierung

Bänder und Spitze als Besatz

Klebstoff auf Gummibasis

Einfädelschlinge

Pinzette

Karton mittlerer Stärke

verschiedenfarbiges Nähgarn

schiedlichsten Effekte und Glanzlichter zu erzielen. Ein wichtiger Punkt ist allerdings, daß Dicke oder Anzahl der Garnfäden innerhalb eines Motivs nicht variieren sollten. Andernfalls liegen magere und äußerst dicke Kreuze nebeneinander, was optisch nicht besonders reizvoll ist – außer natürlich, Sie möchten genau diese Wirkung erzielen.

Sechsfädiges Spaltgarn (Sticktwist)
Es wird in Strängen von 8 m Länge verkauft und enthält 6 Fäden. Um mit ihnen zu arbeiten, schneiden Sie eine zum Sticken geeignete Länge – etwa 50 cm – ab und spalten die Fäden in diejenige Anzahl auf, die Sie für den betreffenden Stoff verwenden wollen. Natürlich können auch verschiedenfarbige Fäden zusammengestellt werden, wenn sanft schattierte Effekte erzielt werden sollen, und es sind auch bereits gemischte Garne erhältlich.

Stickgarn
Dieses besteht aus einem flachen, nicht merzerisierten Strang, der sich in kräftigen Mustern sehr gut macht. Es ist in zahlreichen Farben erhältlich, staubt allerdings wesentlich leichter ein als die eher glänzenden Sorten. Dänisches und deutsches Blumengarn gehören gleichfalls zu den flachen Baumwollgarnen, sind aber feiner. Alle sind als einzelner Faden gesponnen und nicht für Teilung oder Spaltung gedacht. Stickgarne verleihen einer Stickerei eine angenehm weiche Oberfläche.

Seide
Baumwoll-Spaltgarne sind merzerisiert und haben daher einen angenehm seidigen Glanz. Aber für die Perfektionisten unter uns gibt es nichts, das dem Original gleichkommt. Seide ist entweder als Strang oder in Form von gezwirbelten Fäden erhältlich. Sie ist teuer und nicht leicht zu verarbeiten, weil die feinen Fasern schon an rauher Haut reißen. Trotzdem – die Wirkung in sehr feinen Arbeiten ist eine ganz besondere ... Reservieren Sie die Seide für Ihr Meisterstück!

Perlfaden
Ein einfach gedrehter, hochglänzender Faden, der in zahlreichen Farben, einschließlich solcher mit Mischschattierungen, erhältlich ist. Zudem können Sie – je nach Stickgrund – aus vier verschiedenen Garnstärken auswählen.

Spezialeffekte
In Ergänzung zum beschriebenen Angebot werden ständig neue Garne, einschließlich der herrlichen Palette an Metallic-Garnen, herausgebracht. Um bestimmten Details Glanz zu verleihen, können diese sehr wirkungsvoll sein. Achten Sie aber auch hier darauf, daß die Fadendicke mit der Ihrer übrigen Garne harmoniert.

Gut durchorganisiert
Wenn es Ihnen auch nur annähernd so geht wie mir, ziehen Sie aus einem Garnstrang immer die falschen losen Enden heraus und haben zum Schluß ein verknotetes Knäuel, das für Ihre Katze die hellste Freude ist. Um dies zu vermeiden, ist ein Fadenhefter eine wertvolle Hilfe. Alles, was Sie brauchen, ist ein schmaler Streifen dünner Karton (z.B. eignen sich alte Glückwunschkarten hervorragend) und ein Locher. Entlang der Kanten machen Sie pro Farbe ein Loch und schneiden Ihre Fäden auf die zum Sticken geeignete Länge – 50 cm sind ideal. Die Löcher beschriften Sie mit der jeweiligen Farbnummer und gegebenenfalls auch mit dem entsprechenden Symbol aus Ihrem Zählmuster. Wenn Sie dann die einzelnen Fäden mit Schlaufen in

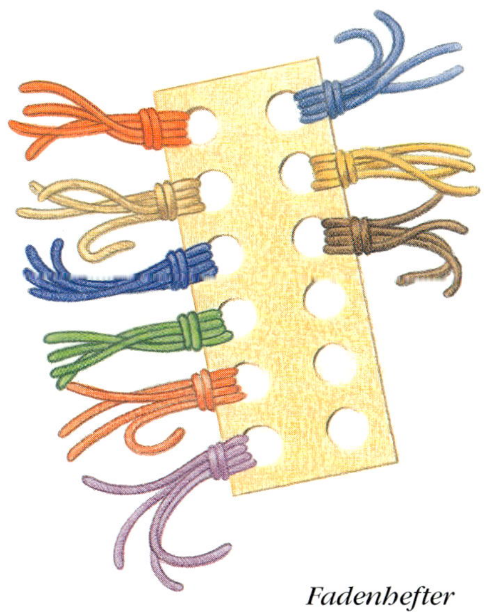

Fadenhefter

den Löchern befestigen, können Sie sie bei Bedarf leicht herausziehen.

Die richtige Nadel
Verwenden Sie für Kreuzstickereien auf gröberem Stramin eine Sticknadel mit stumpfer Spitze.

Für Arbeiten mit einem aufgelegten Straminstuck benötigen Sie verschiedene Nadeln für Stickwolle mit spitzem Ende und langem, flachem Öhr. Dadurch können Sie mehrere Garnfäden gleichzeitig einfädeln, ohne den Stoff zu beschädigen. Nadeln sind in verschiedenen Größen erhältlich, und welche Größe Sie benötigen, hängt von der Anzahl der Fäden ab, die Sie für die Stickerei verwenden. Im Buch ist für jedes Projekt die Nummer bzw. Größe der Nadel angegeben, aber als Faustregel gilt: Sie sollten bequem sticken können, und die Nadel sollte leicht durch den Stoff gleiten.

Stickrahmen
Beim Sticken mit speziellen Straminen, wie zum Beispiel mit Aida, halte ich es nicht für erforderlich, einen Stickrahmen zu verwenden. Dagegen benutze ich immer einen für dichtgewebte Stoffe, oder wenn es sich um eine besonders große Stickerei handelt.

Aus der Vielzahl angebotener Stickrahmen ist der Rundrahmen aus zwei konzentrischen Ringen die beliebteste Rahmenart für Kreuzstickereien. Einer der Ringe wird unter den Stoff, der andere darüber gelegt; dann spannen Sie den Stickgrund mit Hilfe einer Stellschraube. Es ist sinnvoll, beide Ringe vorher mit Klebeband abzukleben, damit der Rahmen sich bei feinen Stoffen nicht eindrückt oder sie gar beschädigt.

Andere gebräuchliche Stickrahmen bestehen aus zwei parallelen Rundhölzern mit Webkanten, an denen Sie den Stoff feststecken. Die Rundhölzer lassen Sie dann oben und unten in senkrechte Leisten einrasten. Um den Stoff straff zu halten, können die Rundhölzer oben oder unten gedreht werden.

Licht an
Eine wunderbare Erfindung moderner Wissenschaft, die ich nicht mehr missen möchte, ist die „Tageslichtlampe“. Da die meisten von uns tagsüber beschäftigt sind, wird in der Regel an den Abenden gestickt; deshalb sind gute Lichtverhältnisse, insbesondere zum Zählen der Stiche, entscheidend. Tageslichtlampen reduzieren die Anstrengung erheblich und können auch mit passenden Leuchtlupen auf verstellbarem Fuß kombiniert werden, was bequemes und angenehmes Sticken ermöglicht. Zusätzlich können Sie auch einen Ständer für die Zählmuster kaufen und eine ganze Palette an weiterem Zubehör, das dazu beitragen wird, Ihre Arbeit zu unterstützen und ihr das Mühevolle zu nehmen.

Ihre Gesundheit
Ganz gleich, wie sehr Sie die Kreuzstickerei genießen oder gar süchtig nach ihr werden – bitte übertreiben Sie nicht. Die Überanstrengung der Handgelenke ist unter Stickerinnen eine weitverbreitete Krankheit, und obwohl spezielle Gelenkbänder erhältlich sind, die Linderung verschaffen, ist Vorsorge doch besser als Heilung. Arbeiten Sie ruhig jeden Abend ein paar Stunden, aber machen Sie auch Pausen. Backen Sie Plätzchen, gehen Sie mit dem Hund spazieren, oder führen Sie tiefschürfende Gespräche mit Ihrer Katze, Ihrem Pudel (oder Partner) ... Ich weiß, Sie würden lieber weitersticken, aber mit einem entzündeten Arm wären Sie für Wochen lahmgelegt.

Zählmuster
Häufig schrecken die Leute vor Stickmustern zurück, dabei muß man nur wissen, daß jedes farbige Quadrat für einen kompletten Stich steht. Die dicken Linien im gerasterten Papier sollen das Zählen vereinfachen, denn zwischen ihnen liegt jeweils ein Block von 10 Stichen (10er-Schema). Mittels der Farblegende werden die Farbnummern der verwendeten Garne angegeben, und so können Sie wirklich nichts mehr falsch machen. Wenn Sie den Eindruck haben, daß Sie mit einem Zählmuster durcheinandergeraten, könnten Sie dieses erst einmal fotokopieren und machen dann bei der Arbeit für jeden erledigten Stich ein Kreuz. Ich sticke lieber Blöcke derselben Farbe als Reihen und habe immer mehrere Nadeln mit den verschiedenfarbigen Fäden zur Hand, so daß ich, wenn nötig, schnell wechseln kann.

Bestimmung der Maße
Für fast alle Projekte in diesem Buch habe ich die Endmaße der fertigen Stickerei angegeben, die Sie erhalten, wenn Sie mit dem von mir empfohlenen Stickgrund arbeiten. Es ist aber auch nicht schwer, die Größe des Motivs durch eine andere Fadendichte des Stoffs zu verändern. Um die Größe Ihrer Stickerei zu bestim-

men, gibt es eine einfache Regel – nehmen wir als Beispiel das Majoran-Herz-Motiv von S. 59. Zuerst zählen Sie im Muster die Anzahl der Stiche an der breitesten Stelle – hier sind es 34. Genauso verfahren Sie in vertikaler Richtung – hier sind es 35. Wollen Sie nun beispielsweise auf 112fädigem Stramin jeweils über zwei Fäden sticken, müssen Sie nur die Fadenzahl halbieren, um zu wissen, wie viele Stiche pro 10 cm Sie anlegen können – bei 112fädigem Leinenstoff hieße das also 56. Teilen Sie nun die im Zählmuster gezählte Stichzahl Ihres Motivs durch die Anzahl der Stiche pro 10 cm, also in der Breite 34 : 56 = 0,61 und in der Höhe 35 : 56 = 0,63. Um die Endmaße Ihrer Stickerei in cm zu erhalten, müssen Sie diese auf 10 cm bezogenen Ergebnisse wieder mit 10 multiplizieren. Das Ergebnis: 6,1 x 6,3 cm.

Falls Sie nur über einen Faden des Aida sticken, wird die Fadenzahl zu Beginn nicht halbiert: Faden- und Stichzahl sind in diesem Fall identisch. Berücksichtigen Sie bei der Berechnung der benötigten Stoffmenge stets an allen Seiten einen mindestens 2,5 cm breiten Rand, damit Sie einen Saum nähen oder – bei einem Bild – die Stickerei aufziehen können.

Möchten Sie das Stickmuster selbst vergrößern, arbeiten Sie am besten mit einem gezeichneten Raster. Zuerst pausen Sie den Umriß Ihres Musters durch und legen ein quadratisches Raster darüber. Zeichnen Sie ein zweites Raster in der gewünschten Größe auf Transparentpapier, und übertragen Sie das Muster Quadrat für Quadrat. Dann legen Sie die vergrößerte Version über kariertes Papier und tragen die Symbole für die Stiche und Umrisse des Stickmusters ein. Die gleiche Methode wenden Sie an, wenn Sie Stoff- oder Porzellanmuster kopieren. Als Zählmuster sind auch durchsichtige Acetatfolien erhältlich, die Sie über jedes Motiv legen können, das als Kreuzstichmuster angelegt werden soll. Sie müssen nur noch die Symbole eintragen. Als weitere Methode der Vergrößerung können Sie Ihr Motiv auch fotokopieren; dann bestimmen Sie eine neue Rastergröße und zeichnen die gewünschten Symbole ein.

Noch ein dritte Variante: Lesen Sie jedes Quadrat oder Symbol im Zählmuster als einen Block aus vier Stichen; dadurch wird die Größe des Motivs verdoppelt. Beim Sticken wird es aber notwendig sein, die Kanten hier und da durch das Weglassen oder Hinzufügen von einigen Stichen abzurunden.

Übertragen von Stickmustern

Wenn Sie bei dicht gewebten Stoffen nicht mit dem aufgelegten Straminstück arbeiten wollen, können Sie das Muster auch mit einem auswaschbaren Stift (Handarbeitsgeschäft) und Transparentpapier übertragen. Machen Sie zunächst eine Probe mit einem einzelnen Kreuz auf dem Transparentpapier. Legen Sie dieses mit der Schriftseite nach unten auf den Stoff, und bügeln Sie warm (nicht zu heiß!) darüber. Nimmt der Stoff die Farbe an, können Sie das ganze Muster aufzeichnen und, wie beschrieben, auf Ihren Stickgrund übertragen. Es gibt die herrlichsten Stifte und Tuschen zu kaufen, so daß Sie das Motiv auch in der entsprechenden Farbgebung aufzeichnen und mit dem Bügeleisen auf den Stoff übertragen können.

Zentrieren der Motive

Das ganze Buch hindurch finden Sie den Hinweis auf die Stoffmitte, die es zu bestimmen gilt, bevor Sie zu sticken beginnen. Hierfür gibt es verschiedene Methoden. Bei Aidastoff können Sie in horizontaler und vertikaler Richtung die Löcher zählen und dann die Anzahl halbieren, um die Mitte zu finden. Oder Sie nehmen mit dem Maßband die Maße ab und halbieren diese. Als dritte Möglichkeit können Sie den Stoff in beiden Richtungen zusammenfalten und so den Mittelpunkt markieren. Wenn Sie die Mitte bei einem Stramin suchen, dessen Webkante auf einer Seite breiter ist als auf der anderen, nehmen Sie die verbleibende Fläche ohne Webkanten als Grundlage.

Beim Zählmuster halbieren Sie die Anzahl der in beiden Richtungen gezählten Stiche. Wenn im Mittelpunkt kein Stich liegt, zählen Sie den nächsten benachbarten aus und beginnen an der entsprechenden Stelle im Stoff zu sticken. Als Hilfe setzen Sie horizontal und vertikal einige Heftstiche in die Mitte. Gestickt wird immer von der Mitte aus, außer die Anleitung enthält ausdrücklich einen anderslautenden Hinweis.

Vorsichtsmaßnahmen
Bevor Sie Ihre Stickerei beginnen, sollten Sie unbedingt folgende Punkte überprüfen, um mögliche Unglücke zu vermeiden:
1 Ihre Hände sind makellos sauber und riechen nicht nach Knoblauch. Sie werden sie immer wieder einmal waschen müssen, weil Stoff und Garne sehr schnell Schmutz annehmen.
2 Die Tee- oder Kaffeetasse befindet sich in sicherem Abstand zu Ihrem Arbeitsplatz, und auch der herrliche Schokoladenkuchen mit dem klebrigen Zuckerguß steht nicht in verführerischer Nähe.
3 Ihre Haustiere wurden angewiesen, sich nicht auf Ihre(n) Schoß/ Schulter/Kopf zu setzen und haben gelernt, sich die Pfoten abzuwischen, wenn sie vom Garten hereinkommen und an Ihnen hinaufklettern wollen.
4 Ihre Kinder malen woanders – in sicherer Entfernung.
5 Niemand bzw. nichts in Ihrer Umgebung „haart".
6 Ihr Stickerei liegt nicht im nassem Gras.

Das Sticken
Erinnern Sie sich an die erste und wichtigste Kreuzstichregel: Alle obenliegenden Stiche zeigen in dieselbe Richtung. Das kann entweder dadurch erreicht werden, daß Sie zuerst in die eine Richtung eine Reihe mit allen untenliegenden Stichen anlegen und dann in entgegengesetzter Richtung zurücksticken. Oder Sie sticken jedes Kreuz einzeln. Beide Methoden sind absolut gleichwertig, für welche Sie sich aber entscheiden, sollte jeweils davon abhängen, wie viele Stiche vor einem Farbwechsel in einer Reihe liegen. Sie können in beliebiger Richtung arbeiten, lediglich die Anzahl der Fäden, über die Sie arbeiten, muß immer gleichbleiben. Die Zeichnungen in der Mitte zeigen einen Kreuzstich, der über zwei Fäden eines dichtgewebten einfädigen Stickgrunds gearbeitet ist, sowie einen Stich auf Stramin (Aida). Praktisch ist es auch, vorher die verschiedenfarbigen Fäden in mehrere Nadeln einzufädeln. Benutzen Sie eine Einfädelschlinge als Hilfe – das spart Zeit und schont die Augen.
Für die Mehrheit der im Buch vorgestellten Stickereien müssen Sie nur den Kreuzstich beherrschen. Bei zwei oder drei Projekten benötigen Sie jedoch zusätzliche Sticharten. Mit „geraden Stichen" sind hier kleine, in Reihe gesetzte Rückstiche gemeint, von derselben Größe wie ein halber Kreuzstich. Der Schrägstich ist die erste Hälfte eines Kreuzstichs, d.h.: der zweite, in entgegengesetzter Richtung darübergelegte Stich entfällt.

Kreuzstich auf einfädigem Stramin

Auf gröberem Stramin (Aida)

Dehnen
Keine der hier gezeigten Stickereien mußte nachträglich in Form gebracht werden. Sollte trotzdem einmal die Form leicht verzerrt sein, legen Sie die Arbeit mit der Vorderseite auf ein Spannbrett, das Sie mit sauberem Papier oder einem Tuch abdecken. Dann ziehen Sie die Stickerei in die gewünschte Form, wobei Sie in Abständen von etwa 2,5 cm rostfreie Heftzwecken am Rand befestigen. Befeuchten Sie nun das Stoffstück mit einem sauberen Schwamm, oder besprühen Sie es. Trocknen lassen.

Rahmen
Aufgrund des weichen und geschmeidigen Stickgrunds von Kreuzstickereien ist das Rahmen der Motive in der Regel recht einfach. Die Stickerei wird auf einem Stück festem Karton in Form gebracht und mit Gummilösung in der richtigen Position festgeklebt. Alternativ können Sie auch

mit festem Bindfaden zickzackartig die Ränder verschnüren, bis die Stickerei straff sitzt (siehe Zeichnung unten).

Vorher jedoch müssen Sie die Arbeit genau in der Mitte des Kartons plazieren. Dann stecken Sie das Ganze mit Nadeln fest, wobei Sie mit den Ecken beginnen und anschließend den gesamten Rand im Abstand von 2,5 cm abstecken. So können Sie sicher sein, daß das Motiv nicht verrutscht oder verzogen wird. In den Rahmen können Sie nach Ihren Vorstellungen noch ein dekoratives Passepartout setzen. Stickereien, die als Bucheinband oder zum Überziehen von Mappen verwendet werden sollen, können noch während des Stickens in Form gezogen werden. Der Karton zum Aufziehen von Stickereien sollte säurefrei sein, damit die Arbeit auch für zukünftige Generationen ihren guten Zustand bewahrt.

Zum Rahmen legen Sie die Kreuzstickerei auf ein Stück festen Karton und befestigen sie ringsherum mit Stecknadeln im Abstand von etwa 2,5 cm. Dann kleben Sie die überstehenden Ränder fest oder verschnüren sie zickzackartig mit Bindfaden, wie hier gezeigt.

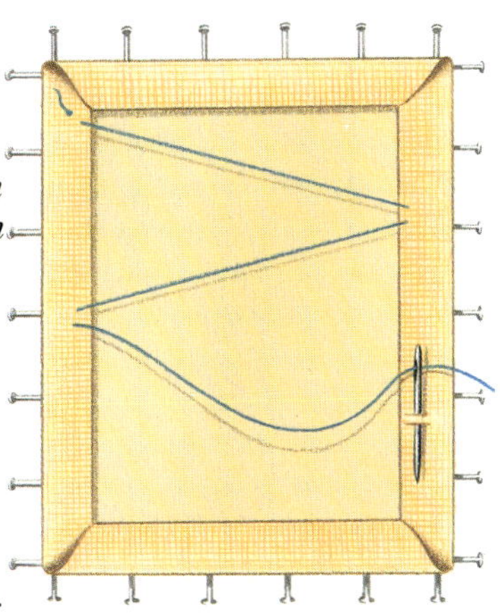

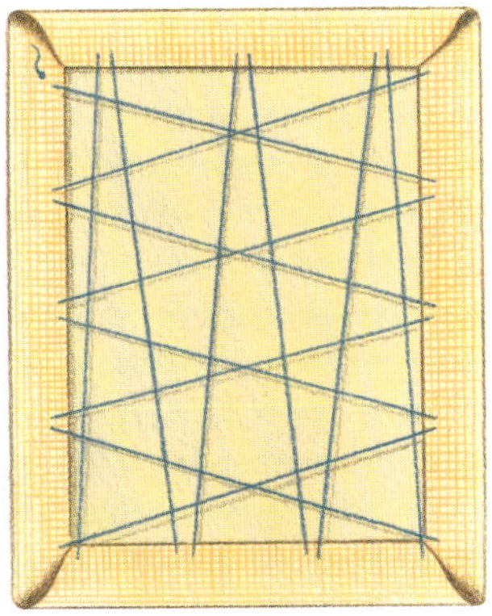

Verzierungen

Ich hoffe, dieses Buch eröffnet Ihnen eine Menge neuer Verwendungsmöglichkeiten für Ihre Kreuzsticharbeiten. Da Bastler bekanntlich von Natur aus Sammler sind, gehe ich davon aus, daß auch Sie einen Korb oder eine Schachtel mit Stoffresten und Accessoires besitzen werden. Was immer Ihnen in den Sinn kommt, kann als Einfassung oder Verzierung Ihrer Stickerei verwendet werden. Achten Sie jedoch auf das Gewicht des ausgewählten Materials im Verhältnis zum Stoff der Stickerei. Ich habe für einige Projekte Kordeln als Einfassungen verwendet. Eine Kordel stellen Sie her, indem Sie mehrere Garnfäden zusammenlegen und ein Ende um einen schweren Gegenstand knüpfen. Dann drehen Sie den Faden so lange, bis er straff ist. Halten Sie das gezwirnte Teilstück fest, und lösen Sie das verknotete Ende. Wenn Sie nun beide Enden aufeinanderlegen, dreht sich der Faden in sich selbst zu einer doppelten Kordel zusammen. Dann verknoten Sie die Enden.

Pflege

Trotz aller Vorsicht ereignen sich doch immer wieder einmal kleine Unfälle. Wenn Sie jedoch die empfohlenen Garne benutzt haben, dürfte der Schaden leicht zu beheben sein. Bevor Sie eine Stickerei waschen, sollten Sie stets die Farbechtheit von Garnen und Stoffen testen. Beachten Sie hierzu auch die Hinweise des Herstellers. Anchor-Garne von Coats Mez stehen im Ruf, farbecht zu sein, und können bei 30 °C in der Maschine gewaschen werden. Allerdings müssen auch stets die Eigenschaften des Stoffs berücksichtigt werden. Grundsätzlich sollten Sie keine Bleichmittel oder scharfe Reiniger verwenden und Stickarbeiten nie im Trockner trocknen.

Beim Bügeln legen Sie die Stickerei mit dem Motiv auf ein flauschiges Handtuch und dämpfen es von der Rückseite mit einem feuchten Tuch oder dem Dampfbügeleisen. So vermeiden Sie, daß die Stickerei in Mitleidenschaft gezogen wird.

Register

Anchor *Sticktwist*

Anchor *Sticktwist!* Für wertvolle, farbenprächtige Handarbeiten. 444 wunderschöne Farben mit seidig schimmerndem Glanz setzen Ihrer Phantasie keine Grenzen. Das hochwertige Stickgarn aus reiner Baumwolle, mercerisiert, ist sechsfädig, leicht teilbar und somit ausgezeichnet verarbeitbar.

1	914	75	111	9159	245	933	1217
2	1007	76	112	159	246	376	1243
275	1009	77	1030	160	1044	378	1219
386	880	78	939	1038	259	379	1220
300	881	60	940	1039	260	361	1202
301	882	62	941	161	261	362	1203
302	883	63	175	162	262	363	1204
303	884	65	176	164	263	365	1206
304	336	1026	177	410	264	1046	1200
1002	337	968	178	433	265	1045	1201
1001	338	969	120	928	266	1010	1207
292	339	970	121	167	267	1047	1209
293	340	972	122	168	268	1048	1208
295	341	66	123	169	269	1049	1212
297	1011	68	127	170	253	351	1211
298	1012	69	136	185	254	352	1210
288	868	1028	137	186	255	936	1213
289	9575	70	139	187	256	347	1214
290	1013	72	140	188	257	349	1215
291	5975	892	142	189	258	355	1216
305	1014	893	143	203	238	357	1218
306	1020	894	975	204	239	276	1223
307	1021	895	976	205	278	366	
308	1022	1027	977	230	279	367	
309	1023	896	978	206	280	368	
310	1024	897	979	208	281	369	
891	1025	1016	128	209	924	370	
890	23	1017	129	210	842	371	
901	24	1018	130	211	843	358	
311	25	1019	131	212	844	359	
313	26	869	132	213	845	360	
314	27	870	133	214	846	380	
316	28	871	134	215	681	381	
1003	29	872	144	216	852	382	
323	31	873	145	217	853	926	
324	33	103	146	218	854	387	
326	35	90	147	683	855	388	
1004	19	92	148	1042	856	390	
328	20	94	149	875	942	391	
329	22	85	150	876	943	392	
330	36	86	152	877	944	393	
332	38	87	1031	878	956	899	
333	39	88	1032	879	945	903	
334	55	89	1033	858	874	905	
335	57	1029	1034	859	907	900	
46	59	95	1035	860	277	1040	
9046	48	96	1036	861	885	8581	
47	49	97	1037	862	886	273	
1006	50	98	343	225	887	1041	
1005	52	99	920	226	888	231	
6	54	100	921	227	889	232	
8	40	101	922	228	830	233	
9	41	102	847	229	831	401	
10	42	119	274	923	832	397	
11	43	118	848	1043	898	234	
13	44	117	849	240	372	398	
1015	45	342	850	241	373	399	
778	271	108	779	242	374	235	
4146	73	109	851	243	375	400	
1008	74	110	158	244	906	236	
					1050	403	

Mögliche Farbabweichungen sind drucktechnisch bedingt. Originalfarbenkarte Nr. 444 erhalten Sie im Fachhandel.

Made by Coats Mez

Coats Mez GmbH · 79337 Kenzingen · Tel. 0 76 44/802-222 · Fax 0 76 44/802-300

Danksagungen

Ein Buch dieser Art ist nur mit gemeinsamer Anstrengung, Großzügigkeit, gewissenhafter Arbeit und gegenseitiger Unterstützung zu verwirklichen. Das Team, das an diesem Buch gearbeitet hat, ist einzigartig, und mein aufrichtiger Dank geht an folgende Personen und Firmen:

Für hervorragende und schier endlose Stickarbeit, die dieses Buch möglich gemacht hat:
Carolyn Palmer, Anne Peterson, Valerie Clark, Freda Brown, Jane Fox, Mary Baker, Joan Firmin, Clare Powderly, Kristine Evans, Carol Edwards, Lucy Payne, Lynn Gensberg und Josie Hyde.

Dafür, daß sie die Stickereien in kleine Kostbarkeiten verwandelt hat:
Jeanette Hall.

Für das wunderbare Styling und die herrlichen Fotos:
Jon und Barbara Stewart.

Dafür, daß sie mich zum Durchhalten gezwungen haben:
meinen Lektorinnen Jane Donovan, Kate Yeates und Jane Struthers.

Für Ermunterung und finanzielle Unterstützung:
Carey Smith, Colin Gower und Colin Ancliffe.

Dafür, daß sie immer mit einer Tasse Tee zur Hand war:
Pat Groves.

Für „Cross-Stitch-Master", das beste Kreuzstich-Computerprogramm, das es derzeit gibt:
Jeff Tullin von Ursa Software,
17 Camborne Grove,
Gateshead,
Tyne and Wear,
NE8 4EX, Großbritannien.

Für vorzügliches Rahmen und Spannen:
Anne Gillis,
Darkgate,
Carmarthen, Dyfed,
Wales.